成功家庭教育的智慧汇聚　家教实用读本　改变孩子前途的首选读本

常美丽 编著

家教是成大器者的起跑线

北京日报报业集团
同心出版社

图书在版编目（CIP）数据

家教是成大器者的起跑线 / 常美丽编著 .
北京：同心出版社，2014.1（家教实用读本）
ISBN 978－7－5477－1034－0

Ⅰ．①家… Ⅱ．①常… Ⅲ．①家庭教育 Ⅳ．① G78

中国版本图书馆 CIP 数据核字 (2014) 第 007493 号

家教是成大器者的起跑线

出版发行： 同心出版社
地　　址： 北京市东城区东单三条 8-16 号东方广场东配楼四层
邮　　编： 100005
电　　话： 发行部：（010）65255876
总编室：（010）65252135－8043
网　　址： www.beijingtongxin.com
印　　刷： 北京龙跃印务有限公司
经　　销： 各地新华书店
版　　次： 2014 年 4 月第 1 版
2014 年 4 月第 1 次印刷
开　　本： 710 毫米 ×1000 毫米　1/16
印　　张： 14.5
字　　数： 240 千字
定　　价： 27.80 元

前　言

家庭是孩子成长的摇篮，父母是孩子的第一任老师。中国有句古话叫可怜天下父母心，也许世界上所有的父母最盼望的只有一件事：让自己的孩子健康幸福地成长，并在人生道路上取得成功。但是教育孩子是需要技巧的，做合格的好父母，优秀的好父母，光有爱是不够的，最重要的是客观理性认识自己和认识孩子，不断完善自己的教育方式和思想观念。

好父母首先是孩子的好朋友，能够创建一个与孩子平等的交谈环境，从内心尊重孩子，理解孩子，站在孩子的角度去思考问题。这不仅仅是一种亲情的陪伴，更是一种友情的陪伴，这种陪伴对于良好亲子关系的建立和巩固，具有非常重要的作用。

好父母同时也是孩子的好老师，老师被誉为人类灵魂的工程师，也是人类智慧、能力、知识的传递者。好的家庭教育就像学校的小班授课，父母和孩子是一对一的教学关系。孩子作为一个独立的个体，能够得到父母全部的关注。就如著名的教育家杜威说的那样：“教育就是生活，生活就是教育。”只有培养孩子出色的生活实践能力和良好的道德品性，才能让孩子更好地从生活中受到生动的教育。同时，好父母还要有足够的智慧和勇气让孩子走向社会，积极地参与社会实践活动，当孩子在实践生活中遇到了挫折时，好父母应给予关怀和帮助，并积极启发孩子对于生活和挫折的领悟能力。

好父母也是孩子人生道路上的引路人。在孩子的人生成长道路上，学会控制自己的欲望，并且尊重孩子，给孩子相对的自由，与孩子保持科学的距离，逐步培养孩子乐观、向上的生活态度和良好的价值观，让孩子在不同的年龄阶段拥有自主选择权，有意识地培养孩子的社会生存和适应能力。

正确的教育方法是一把精美的刻刀，父母掌握着孩子这块璞玉的命运，采用正确的教育方法，是为孩子积累成功的重要保障，是培养孩子成功能力与优秀品质的关键一环。教育方法的正确与否直接影响孩子的一生。

父母，所扮演的角色正确与否，在孩子的成长道路上是至关重要的。好父母就是一所用爱筑造的学校，每一块砖、每一块瓦都承载着父母对孩子的至真至纯的、无私的、伟大的爱。好父母也是那个用五彩缤纷的画笔描绘绚丽人生画卷的人，把多姿多彩的世界为孩子娓娓道来的人。

目　录 CONTENTS

第一章
跳出教育误区的陷阱

一、审视你给孩子的爱

二、如何给孩子高质量的爱

三、不可忽视的爱的表达

四、爱的合理给予

五、给孩子备足优质的精神食粮

六、品德比分数更重要

七、提高孩子的情商

八、智商和情商

一、审视你给孩子的爱

越多的爱并不意味着对孩子越有益，通过牺牲自我来满足孩子的需要也不能说明母爱的伟大。给孩子爱之前，先洞察一下自己的心理真相，也许你会发现，自己并没有那么伟大，你的爱也没有真正滋养到孩子。

溺爱是不理智的爱

一个已经在上高中的学生，还要他的妈妈为他去拉抽水马桶，不是不会拉，而是每次都懒得动手。后来，他去了美国。他从那里回信说：由于妈妈“多管闲事”，几乎毁了他的前程。

一位已经上了大学的女孩子，喜欢吃鱼，但不“喜欢”择刺儿。据说她妈妈“喜欢”择刺儿，而“不喜欢”吃鱼。于是母女多年来就成了理想的“搭档”。后来，她到了一个盛产鱼的国度。她从那里回信说，正是妈妈的“喜欢”帮助，几乎剥夺了她维生的“技术”。

溺爱，对孩子和妈妈来说，不是幸福而是灾难。因为溺爱，不知多少青少年失去正常的生活能力和人格魅力；不知多少妈妈为宠爱出孽子而痛心疾首。溺爱是毁灭性的教育方式，相信大多数妈妈已经从无数的前车之鉴中认识到这一点，但是，还是有那么多妈妈控制不了自己的溺爱行为，甚至那些通情达理的高素质知识分子，一面对楚楚可怜的孩子也不禁变成疯狂给爱的妈妈。这是为什么呢?

母爱真是如此伟大吗？

其实，溺爱不仅仅出于妈妈本能的母爱，还出于妈妈对自己的宠爱。

每个人内心中都藏着两个“我”。一个是“内在的父母”，即我们现实中的父母角色与理想中的父母角色的内化，当我们为人父母时，这个“我”也就是我们自己。另一个是“内在的小孩”，即我们对自己童年体验的记忆和自己理想童年的内化。

溺爱最重要的也是最不容易被人发现的原因，就是妈妈将“内在的小孩”投射到现实中的孩子身上。她把现在的孩子，当作自己，按照自己潜意识里的意愿给孩子爱，她根本看不到孩子的成长需求，而是将孩子当成自己的另一个“我”，给予过度满足。例如那些从小生活贫困的妈妈，就会在物质上大量满足孩子，因为她潜意识里极端排斥贫苦的日子，她给孩子大量的物质，其实是在满足自己“内在的小孩”的物欲。所以，妈妈无节制地给予孩子爱，其实是在无节制地满足自己的欲望。溺爱表面上是牺牲自己满足孩子的需要，其心理真相却是宠爱自己。

每个妈妈都应该反思一下自己对孩子的爱，你是不是在按照自己的想法爱孩子，你是不是希望有一个和孩子一样的童年呢？如果是，请注意了，你也许正在有意无意中溺爱孩子。

在溺爱中成长的孩子会有很多缺陷，比如他喜欢追随别人、求助别人、人云亦云，在家中依赖父母，日后在外面宁愿依赖同事、依赖上司，也不愿自己创造，不敢表现自己，害怕独立，又或者他喜欢做一个“小霸王”，自私自利，不尊重父母兄弟姐妹，脾气暴躁，性格极端。这些都意味着他的人格还没有趋于成熟和健全。溺爱对孩子的负面影响可见一斑。

对孩子真正的爱其实是一种理智的爱。比如，当和孩子一起外出游玩时，孩子发现了很多精美的玩具、美味的糖果、漂亮的衣服……妈妈可以买，但一定要有个节制，让孩子明白，不是所有的东西，妈妈都必须要无条件去给予他。或者在某些特定的情况下，满足孩子某些特别的愿望。关键在于，在这种时候，你要让孩子知道，这是因为有特别的原因你才会这么做的。

理智的爱还表现在针对孩子不同的阶段，采取不同的爱的方式，比如在0～2岁，要给予孩子无条件的爱，让他在这种爱的环境中得到生命最初的安全感。到了2～4岁，孩子开始自主探索世界与自己，这时，最明智的爱是尊重孩子的自主探索，使他的自我意识得到强化。这样，当他步入青春期后，会发现自己已经能够独立地处理很多成长的问题，化解很多生活中的困惑。

溺爱绝不是真爱。相反，溺爱是一种失去理智、直接摧残儿童身心健康的爱。

无可置疑，溺爱孩子是当今社会的普遍现象。生活中，经常可以听到这样的话："再苦也不能苦了孩子。""为了孩子，我什么都可以做。""孩子是我的命根子，孩子过得好我才会过得好。"正是怀着如此种种想法，父母尽其所能地从各方面满足孩子的需求，他们尽可能地把孩子的生活道路铺得稳稳当当，似乎这样就能保证孩子幸福健康地成长。可惜，这些父母都没意识到，他们的这些观念恰恰给孩子带来了诸多的危害。

一位为其孩子伤透脑筋的妈妈在束手无策的情况下，不得不去找教育专家寻求教育良方。专家问："你孩子第一次系鞋带时就打了死结，你是不是从此就不给他买有鞋带的鞋子了？"这位妈妈点了点头。专家又问："你孩子第一次洗碗时弄得满厨房是水，你是不是不再让他走近洗碗池？"妈妈又点头称是。专家继续问："孩子第一次铺床笨手笨脚，用了一个多小时才勉强铺好。你是不是嫌他太笨拙，从此不再让他自己铺床？"这位妈妈惊讶地看着专家说："我就是这么做的，你怎么知道的？"专家回答是从那根鞋带知道的。这位妈妈问自己以后怎么办。专家说："孩子生病你就带他去医院；孩子上中学、上大学、找工作，你最好绞尽脑汁运用各种关系；孩子没钱时，你给他送去；孩子结婚时，你为他准备好婚房；孩子生了孩子你帮他带。"

从这个故事中，我们可以看出，在现实生活中，很多家长都如同此案例中的妈妈一样，孩子鞋带打死结就不再买有鞋带的鞋子，孩子的确可以不犯系鞋带打死结的错误了，但孩子同时也失去了学会系鞋带的机会，更失去了面对困难勇于克服的机会；孩子洗碗弄湿了厨房，就不让他再洗碗，孩子的确可以不犯洗碗弄湿厨房的错误了，但与此同时孩子就可能失去了学会洗碗而且不弄湿厨房的机会，或者是失去了虽然弄湿了厨房但懂得如何打扫清爽的机会。

如果每个家长都如故事中的那个妈妈一样的话，也许孩子从此不再喜欢尝试力所能及的劳动了，而且一碰到自己不愿意干的事情，就会故意不好好做，因为这样就可以偷懒了……如此下去，孩子遇到什么事都会不假思索地说“我不会”、“你说怎么办”、“你帮我做”，孩子遇到一点点困难就撒娇或耍赖，不肯自己去想办法解决。长此以往，你的手就会成为了孩子的手，因为孩子刚要动手时你已习惯动手代劳了，说不定，孩子从此就真的衣来懒得伸手、饭来懒得张嘴了。你的脚也许也会成为了孩子的脚，因为孩子刚要走时你已习惯代他走了，孩子踏实地走自己人生路的机会就这样被你堵死了，从此孩子准会患上“软骨病”。更可怕的是，有一天你的脑袋也许就会成为了孩子的脑袋，因为孩子想问题时你已习惯替他想好了，孩子动脑思考的权利被你剥夺了，从此孩子的脑子越来越迟钝。

溺爱的危害不仅体现在孩子生活能力的丧失上，还体现在孩子性情、性格的缺失上。

第一，溺爱会使孩子失去处理问题的能力。由于父母对孩子疼爱有加，凡事包办代替，不让他们动手，因此孩子生活自理能力差，长大后劳动观念不强，动手能力差，遇事不知道怎么解决，必定给其学习、工作和生活带来障碍。

第二，溺爱会使孩子变得自私。父母对孩子有求必应，要什么给什么，牺牲父母的利益在所不惜。久而久之，孩子就会一切以自我为中心，凡事只在乎自己的感受，不考虑别人。

第三，溺爱会使孩子的抗挫折力低下。在溺爱中长大的孩子，面对失败、挫折、意外打击的心理承受力很差。被溺爱的孩子多以自我为中心，不愿接受社会行为规范的约束，所以他们很难融入主流社会，社会也很难接受这些孩子的价值观。他们一旦离开父母的保护，就不易适应外面的环境。

第四，溺爱会使孩子是非不辨。有的父母偏袒自己的孩子，把孩子的缺点当优点，容忍孩子无理取闹，处处宠着自己的孩子，这就容易导致孩子是非不清，好坏不分。

溺爱的“溺”字含义深刻，“溺”字由水和弱构成，一味溺爱的结果就等于把孩子扔到水里，周围没有任何救援人员和救援措施，孩子又不会游泳自救，其命运只有一种：必死无疑。更何况就现实而言，孩子的人生过程其实就是在茫茫人海中不断求取自己的立足之地和生存之机的过程，如果缺乏竞争力，就只有被淹没在人海中。“爱子之心人皆有之。”孩子感受到父母的爱，就乐意接受父母的教育，这就使父母对孩子的教育容易取得成功。但是，如果爱得不得法，对孩子过分溺爱，不但不能促使孩子健康成长，反而会使孩子养成种种不良习惯，甚至毁了孩子的一生。所以我们的家长必须懂得“溺爱猛于虎”的道理，规范自己的教育行为，做到爱有分寸，严慈有度，爱而不纵，严而不苛。这样，我们的下一代才能健康、科学地成长。

当孩子犯了错误的时候，妈妈总是视而不见，反而说：“不要管太严，孩子还小呢。”有时候爷爷奶奶还会站出来说话：“不要教得太急，他长大之后自然会好了。”这样环境中长大的孩子全无是非观念，长大之后很容易造成性格的扭曲。

为了孩子的健康成长，妈妈要给予他充分的爱，但是不可以一味地迁就，这样培养出来的孩子将来会出现很多问题：缺少远大的理想，缺少是非观念，缺少良好的习惯，缺少抗挫折能力，等等，直接影响孩子的未来。

前苏联著名教育学家马卡连柯警告说：“父母对自己的子女爱得不够，子女就会感到痛苦，但是过分溺爱虽然是一种伟大的感情，却会使子女遭到毁灭。”如果妈妈无视这种警告，一意孤行地认为只要尽力满足孩子的一切需要，就能保证孩子幸福健康地成长；那么，这种教育方式势必会影响孩子在各个方面的发展，让孩子失去竞争力，甚至使孩子养成各种不良性格。

疼爱孩子是妈妈的天性，但是如果疼爱得过了头，那就要变成溺爱了，溺爱只会害了孩子。作为妈妈，千万不要让你懒惰的放纵型溺爱害了孩子。

冬季的一天，寒风凛冽，气温骤降。一位母亲冒着刺骨的北风骑车数里来到一所大学校园的女生宿舍，找到正在这里上学的女儿。打开宿舍门，女儿见是母亲，感到十分惊讶，问她有什么事，母亲说给孩子送羽绒服。

女儿感到啼笑皆非，告诉妈妈自己不需要。“我这里有足够的保暖衣服。这么冷的天，我们都在宿舍里念书，不会出去的。再说，您顶着风给我送衣服，就不怕自己生病啊？”

母亲则十分恼怒：“我这不是怕你冷吗？怕你不知道多穿点儿。怎么了，我关心你不对吗？我这不是为了你好吗？你怎么这个态度？”

母亲扔下衣服忿忿然地走掉了。女儿追出来叫她进屋坐一会儿，她好像没听见。

母亲感到很委屈：她觉得自己很伟大，她是如此地心疼女儿，顶着寒风送去冬衣，简直是个英雄！一路上，她都在想象女儿看见自己时会是多么感激涕零。然而女儿却让她失望了，非但不领情，反而将她送到手边的温暖拒之门外。当着女儿同学的面，她真是下不来台，不禁恼羞成怒。

女儿也感到很委屈：我已经长大了，能够自己照顾自己了，妈妈却还拿我当小孩子。这么多同学的妈妈都没有来，偏偏她来了，小题大做。她总是命令我无条件地接受她的关怀，也不看我到底需要不需要。只要提一点意见，她就责怪我，让我对她感到负疚。

这位妈妈认为自己的爱是伟大的，无论何时女儿都应该谦恭地接受，否则就是没有良心。然而，从客观的角度看，她仅仅照顾到了自己的利益，却忽视了孩子的体验。她沉浸在自己的情绪之中，却毫不顾及女儿的感受。美国家庭心理咨询师茱迪丝·布朗将这种“爱”称作对孩子实施“慈祥的虐待”。实际上，这种以“爱”的名义所产生的心理伤害，绝对不亚于暴力行为留下的重创。

茱迪丝·布朗说：“妈妈自欺欺人的通病就是，她们为孩子做的一切，无论如何满足了她们自己，却说成是为了孩子。”这种说法表面有理，其实荒谬。在这个旗号下，妈妈不仅参与孩子的所有的行为，强迫孩子接受妈妈的选择，甚至指导孩子何时何地以什么样的方式表达自己：委屈了不许哭！失望了不许生气！高兴了不许叫唤！对妈妈之情要感激感动、感恩戴德……

茱迪丝·布朗还在《都是为了你好》一书中指出，在家庭中，妈妈有着强大的需求，但是这些需求往往被高尚的托词乔装遮掩，暗中扭曲孩子的生活。“都是为了你好”就是最常用来遮掩父母内心需求的高尚托词之一。

1. 太溺爱，一切以孩子为中心

溺爱是一种不健康的、丧失理性的爱，但对孩子的溺爱，已经成为中国家庭教育中一个十分突出的问题。

有这样一个事例：

旭尧已经 6 岁了，但还是像个婴儿一样，自己的任何事情都要家人来帮忙。早晨，妈妈不仅要为全家人准备早餐，还得为旭尧穿衣服、叠被子、收拾和整理房间。对这一切，妈妈从来不觉得辛苦，因为全家只有这一个宝贝孩子。正像其他父母一样，妈妈恨不得为他包办任何事情。

有一次，旭尧与奶奶起了争执，因为奶奶说了几句他不爱听的话，他竟然挥手就朝奶奶身上打去。事后，奶奶并没有要求旭尧道歉，反而赔着笑脸哄孩子。在全家人的共同溺爱之下，旭尧变得越来越骄横，最终走上了犯罪的道路……

由于中国特殊的国情，独生子女日益增多，溺爱孩子的问题也显得日益突出。许多一线教师都反映，现在的孩子越来越难教，说不得，管不得，动不动就撒娇和哭闹。由于父母溺爱孩子，使得其他社会教育工作者的工作也变得异常艰难。

中国民间有句谚语：慈母多败儿。说的就是妈妈对孩子的管教过于宽松，太溺爱孩子，使得孩子日益骄横而一无所成。在独生子女占多数的当代社会，全家人几乎都围着一个孩子转的时候，溺爱孩子的现象变得越来越严重。而在这些溺爱孩子的家庭中，许多父母都有着很好的教育背景。这一切，不得不令人扼腕叹息。

“父母之爱子，则为之计深远”，这是中国传统教育的教子名句，今天尤其显示它的深远意义。父母爱自己的孩子，不能只看到眼前为他解决了什么实际的困难，满足了他的实际需要，更要着眼于他的未来。试想，父母凡事替孩子包办，让孩子丧失了独立处理事务的能力，那么，孩子在日后的人生路上，能独自面对所遇到的困难吗？能忍辱负重，有所成就吗？父母的溺爱带来的后果，究竟是“爱”，还是“害”？

其实，溺爱孩子并非当代家庭才出现的现象，在古代也同样存在。《红楼梦》中的薛蟠自幼丧父，成为母亲薛姨妈唯一的依靠与寄托。正由于寡母的一味宠爱与娇纵，使得这个薛大公子四处非惹是生非，整天游手好闲，成为一个标准的纨绔子弟。而在《后汉书》中，更是记载了“孤犊触乳，骄子骂母”的溺子故事。那受着妈妈娇宠的孩子，长大以后居然对着妈妈破口大骂，丝毫没有为人子的孝顺与尊重。

古代的这些案例，无一例外地告诉当代父母，溺爱孩子只会为孩子失败的人生埋下伏笔，更不可能让孩子具备孝顺、尊重、友爱等必须拥有的基本品德。因此，父母不应该采取这种盲目而不理智的方式来培育孩子。真正的爱，是为孩子的将来着想，努力培养他适应社会的能力与品德。

溺爱出来的孩子，就像温室里的花朵，看似娇艳夺目，却不能经受人生的风雨洗礼，最后也难结出丰硕的果实。

2. 给孩子真正的爱

世界上没有不爱孩子的父母，但是懂得如何真正地爱孩子的却不多。父母的爱，应该像孩子人生的灯塔，始终引领着孩子走向理想与成功的彼岸。

当孩子考试成绩不好时，父母应该指导孩子看到自己的优点，鼓励他们继续努力；当孩子获得成功时，父母应该及时发现孩子的不足，指引他们及时弥补并且再接再厉；当孩子不能完成某件事情的时候，父母应该鼓励他们再坚持一下，而不是为他们包办、替代一切等。

3. “自己的事情自己做”

溺爱就是父母管得太多，为孩子做得太多，一手包办本该由孩子完成的事情。要改变这种情况，就从让孩子自己的事情自己做开始。

茹雪7岁，是家中的独生女。尽管如此，她却没有所谓“小公主”的娇气，这与父母对她的严格要求是分不开的。

茹雪两三岁的时候，父母就开始教她自己穿衣服。虽然刚开始，教她穿衣服的时间远远多于父母自己动手给她穿上衣服的时间，但是父母却坚持这样做。这样，她渐渐能够独自穿衣服了。妈妈又耐心地教她如何收拾、整理房间，并且鼓励她帮助父母做一些力所能及的家务活。这样，茹雪从小就很坚强、独立。

在鼓励孩子“自己的事情自己做”的时候，父母应该多一点耐心和坚持。例如教孩子穿衣服时，父母应该享受教育孩子的过程，坚持让孩子自己做自己的事情。另外，父母还应该根据孩子的年龄和能力水平，教他们学会适合做的事情。

4. 跌倒了，自己站起来

受父母溺爱的孩子，最容易产生依赖心理。最典型的，便是跌了一小跤，也总是期望父母过来扶一把。

荣轩已经7岁了，但是特别爱哭。这天，妈妈刚走进厨房，便听见儿子在客厅里大哭着找妈妈。爸爸皱着眉头说：“别理他，就是摔了一跤，让他自己站起来好了。”

妈妈心疼极了，嗔怪爸爸：“什么？不理他，他一定摔疼了才哭得这么厉害。”但是在爸爸的坚持下，妈妈还是留在了厨房。过了一会儿，荣轩果然不再哭了。但是过了一会儿，爸爸端着菜进客厅的时候，荣轩又摔在了地上，接着哇哇大哭。

爸爸同情地看着他，但丝毫没有过去扶他的意思，说：“跌倒了，男子汉都会自己站起来的。”荣轩果然自己站了起来，也没有再哭闹。

当孩子跌倒了，父母不要急匆匆地跑过去扶他，应该首先鼓励他“自己站起来”。如果孩子真的摔伤了，父母当然应该立即过去扶，但是在日常生活中，孩子都是想通过撒娇来博得父母同情的。

5. 拒绝孩子的非分要求

日常生活中，父母对孩子“要什么，就给什么”，如果有一天，孩子要的东西父母给不起了，那孩子会做什么呢?

妮妮是家中的“小公主”，父母、爷爷奶奶都围着她一个人转。当她还是个娃娃时，妈妈抱着她一起去逛商场，她用小手指着哪个物品，妈妈都会毫不犹豫地将其买下来。

从出生到现在，妮妮的柜子里已经塞满了许多根本没有用过的东西，这些东西，都是她向父母撒娇得来的“战利品”。她从来不会考虑到自己是否真的需要，只是一味地要求父母满足自己突然产生的欲望，而父母从不拒绝。

当孩子提出的要求不合情理时，理智而聪明的父母应该立即拒绝，向孩子传递一个信息：如果你提出非分的要求，没有人会满足你。当然，如果孩子的要求确实合情合理时，父母可以适当地满足。

6. 永远别对孩子说“你是我们的全部”

当孩子成为父母生活的全部时，那么孩子也十分不幸地成为了父母寄托全部希望的替代品，此时，溺爱也将不可避免地发生。因此，聪明的父母永远不要对孩子传递这样的信息，别让孩子以为他的快乐是家人追求的全部内容。

父母要明白，孩子不应该也不可能成为自己生活的全部，因此，无论在任何时候，父母都不应该说出这样盲目而不理智的话语，向孩子传递不良的信号。

孩子不爱吃饭，妈妈端着碗在身后追着喂："为了你的营养，为了你的身体好！"

孩子爱玩儿水，身上弄湿了，妈妈坚决制止："怕你感冒，为了你的健康好！"

妈妈给孩子报了钢琴班、美术班、舞蹈班、英语班，每天陪着孩子东奔西跑上课练习考证："为了你的将来着想，为了你的前途好！"

孩子有了自己的喜好，妈妈马上站出来制止："别看那种书！不能跟那种人交朋友！你会学坏的！这可是为了你好！"

孩子喜欢文学，妈妈却禁止他看小说："不许学文学艺，应该学理学商学医学，这才是正道！都是为了你的将来好！"

孩子恋爱了，妈妈对其钟情的对象横挑鼻子竖挑眼："这个对象不行，跟他／她吹了，我们给你介绍更好的。别伤心别生气，我们都是为了你好！"

无论孩子做什么，妈妈都会参与、指挥、压制、干涉："听我的，这都是为了你好！"

每个妈妈都应该坐下来，扪心自问：我殚精竭虑呕心沥血，所做的一切，真的都是为了孩子好吗？

"都是为了你好！"凡是这样说话的妈妈，都持有一种自以为是的态度，摆出一副居高临下的架子，把自己当作孩子生活的总指挥："听我的，我知道什么是对你最有益的选择！"

当孩子反抗时，"都是为你好"意思是"我为你好才这么要求你，所以你不论喜欢还是不喜欢，都必须照办"，这里隐含了一个假设，即出发点好结果就一定好，这个假设不符合事实。另外这里还包含了一个前提：你自己不知道什么对自己好，所以要听我的。对于很小的孩子，这一点或许是事实，对比较大的孩子，是不会认同的。

当孩子质疑时，"都是为了你好"意思是"我的动机是为你好，所以你无权质疑我行为的效果，即使事实表明我错了，我也不需要道歉，而且下次你仍然应该无条件地服从我”。这个潜台词十分蛮横，如此一来，哪个孩子还敢表达自己的意见？

当什么情况也没有发生，妈妈却高频率地说这话，意思是“我整天都在为你好，我的生活目的就是为你好，所以你应该记住我的恩情，你欠我的”。这是妈妈在扮演一种“债权人”和“施予者”角色，扮演的目的是要保持对孩子的控制。

这样一句“都是为你好”，对孩子的威胁却是十分可怕的。在这句话的威胁中成长的孩子往往既不会表达愤怒，也不怎么会表达爱，经常压抑自己的愤怒和感情，习惯于以别人的标准要求自己。他们不敢和妈妈做直接的交流，因为在交流之前就已经在脑海里出现了妈妈勃然大怒的形象。

就是这样轻而易举地，妈妈对孩子实施了精神控制，或者说是精神奴役。常说这句话的妈妈们请好好反思一下，“都是为你好”真的是为孩子好吗？

慈爱与严爱的两极

2009年，某富家公子飙车撞死一青年的事件，格外令人关注，这场车祸很快演变成一场公共社会事件。因为这起事件显示出当代家庭教育的重大问题——家长的溺爱放纵造成孩子的自私放肆，这个问题尤以富二代为甚。

富家公子在市区飙车，撞人后若无其事，竟没有一点负罪感。而出事后肇事者的妈妈居然不是报警救人，而是赶紧打电话找关系。在死者的追悼会上，肇事者的妈妈跪在灵前，连声说对不起。原本一直哭泣的死者妈妈，一反常态地平静，对着肇事者妈妈说：“我不会打你，我就是想跟你说我养大这个儿子有多么不容易，我摆过早饭摊……什么都干过，好不容易养大了，成才了……”

事件中的两位妈妈，一位摆饭摊养家糊口，培养出了懂事、上进、孝顺的青年才俊；一位一掷千金，给儿子买跑车如买玩具，结果是除了自我，视他人生命如草芥。

这个事件，印证了韩非的名言："慈母有败子。"慈母之所以败子，就在于放任孩子，致使最后不可收拾。妈妈对孩子过分慈爱，子女就不会成器。诚然，疼爱子女是妈妈的天性，也是应尽的责任，但爱总得有个"度"。眼下，生活水平提高了，给孩子提供良好的生活学习条件，也在情理之中。但切不可好过了头，爱过了火，否则不仅实现不了盼子成龙、盼女成凤的美好愿望，反而有可能种下的是苦果，甚至恶果。

法国教育家卢梭说："你知道运用什么方法，一定可以使你的孩子成为不幸的人吗？这个方法就是对他百依百顺。"所以，真正伟大的母爱，应是有尺度有方法的理性的爱，以孩子人格的健全发展为前提，以孩子独立能力的形成为目的。如果妈妈真正爱孩子，就不要对孩子无原则地慈爱，这样的慈爱就是溺爱，在溺爱的环境里，妈妈的娇惯和纵容使孩子滋生了唯我独尊的心理，包围孩子的是一片表扬、赞叹，孩子就会变得过分要强，就像温室里的花朵经不起一点风雨，一遇到挫折就变得精神萎靡不振，消沉慵懒，做事没有劲头。

过度慈爱会败子，而过度严厉也会毁子。慈母败子的错处在于让孩子自我无限的扩张，而严母毁子的错处在于让孩子自我无限的萎缩。

有一个小学四年级学生，是班里的学习委员，酷爱学习，是老师心目中的"尖子生"。但妈妈对她的期望过高、要求过严，她要求女儿每门功课必须在98分以上，有时考了95分，虽然在班里名列前茅，但妈妈仍不满意，对她严厉批评。在妈妈的严厉管教下，孩子的心理压力很大，学习丝毫不敢怠慢。后来渐渐地，她便感到力不从心、疲惫不堪，学习成绩明显下降，对学习也产生了厌倦，开始喜欢上了逃课。当老师找到她时，她蜷缩在路边，十分恐惧，并且哀求老师不要把她送回家去，她害怕回家面对严厉的妈妈。

妈妈对孩子提出比较高的、比较严格的要求是必要的，但应当把握好"度"。如果期望过高，反而会适得其反，这时孩子会觉得自己无论怎样努力也达不到妈妈的要求，无论怎样努力都是失败，渐渐地就会失去信心，对自己的能力产生了怀疑，进而会把学习当成一件可怕的、痛苦的事情，厌学情绪也会油然而生；有的极端的孩子干脆来个“死猪不怕开水烫”，反正达不到要求，索性放弃！

每位孩子的心理素质和学习能力是不同的，妈妈应当根据孩子的实际能力和水平，提出适当的要求。另外，妈妈应当认识到，考试分数充其量不过是关于孩子学习质量的一种不十分精确的信息，并不能反映孩子的学习全貌，没有必要把分数看得太重。还应该认识到，孩子的成功与否并不是最重要的，快快乐乐地成长、幸幸福福地生活才是生命的真谛。

妈妈过于严厉，不仅对孩子的身心发展有危害，还会腐蚀孩子的价值观。若妈妈对孩子管教过于严苛，对孩子没有耐心，容易暴怒、动辄体罚，就会适得其反。孩子在这样的环境长大就会潜意识中把暴力植入自己的大脑，以为这就是解决问题的方法，久而久之就养成了崇尚武力解决一切的习惯，严重阻碍孩子的健康发展。

总之，“慈母败子”，“严母毁子”，妈妈一定要慎重对待给孩子的爱，把握好爱的“度”，才能发挥好爱的作用。

“非爱行为”是爱的无声伤害

上海的一项调查显示：上海有 24.39％的中小学生曾有一闪而过的自杀想法，5.85％的孩子曾计划自杀。无独有偶，浙江健康教育所对浙江全省中小学生的调查显示：13.3％的学生曾认真考虑或计划自杀，4.9％的人尝试过自杀，34.2％的学生曾考虑离家出走。俗话说“少年不知愁滋味”，然而，这些孩子的“愁”是从哪里来的呢?

我们常听见妈妈对孩子说：“我为了你的学习花了那么多钱，你怎么还有时间踢球，而不把学习搞好”，“你不能一个人出去，外面很乱很危险”，“你快去看书，衣服我来洗”，等等。这些听起来全都是“爱”的语言，实际上只是以爱的名义对孩子进行一种强制性的控制，让孩子按大人的意愿做，这给孩子带来了极大的心理压力和精神伤害，妈妈的“爱”也就成为了孩子“愁”的重要来源之一。

妈妈都是爱孩子的，但妈妈的行为并不都是爱孩子的，然而，在做出这些行为的时候，妈妈仍然认为自己这么做是为了爱孩子。这些行为就被称之为“非爱行为”。在心理学上，“非爱行为”是指以爱的名义，对最亲近的人进行一种非爱掠夺。“非爱行为”主要有以下几类：

一是带附加条件的爱。“听话！妈妈只喜欢听话的孩子！不听话我就不要你了！”“你学习成绩好才是好孩子，妈妈才会爱你！”“妈妈养大你这么不容易，你一定要好好争气，不然我就不再爱你了。”相信很多孩子从小就听过这些话，妈妈总是用这样的威胁来训导孩子，这些就是有条件的爱。当妈妈说出这句话时，或者心里有这种想法时，就证明妈妈对孩子的爱是有条件的了。这样的条件存在于如下的潜台词中：你必须服从我、遵照我的指令去做、按照我的设计去成长，否则我就不爱你。乖乖地听话、取得好成绩、考上好学校、给妈妈挣得脸面和荣耀……不满足这些条件，妈妈就不爱你，甚至将你逐出家门。

二是没有原则的爱。妈妈无原则地满足孩子的一切要求，孩子要什么给什么，想怎么着就怎么着。孩子闯了祸由妈妈担当着、挨了欺负由妈妈出面摆平、丢掉工作回家来让妈妈养着。表面上看，妈妈“爱”孩子爱过了头，舍不得孩子动手、怕孩子累着、担心孩子吃亏、不愿意孩子受委屈，宁肯自己受罪受累、吃苦牺牲，也不能“亏待”了孩子。很多人把这种感情当作一种富有牺牲精神的值得称赞的“爱”，其实这是一种非常严重的毒害。这种“爱”，远非无私，而是极端自私。深深隐藏在“爱”的旗号背后的，是施“爱”者对受“爱”者强烈的控制欲望。

三是依赖性的爱。孩子是妈妈的“精神寄托”甚或“支柱”，孩子万一有个闪失，妈妈就活不下去。妈妈甚至明确告诉孩子：“我就是为你活着！你可不能让我伤心、失望，那样会杀了我的！”人们通常将这样的依赖误认为爱，这不仅仅不是爱，而且是对孩子无言的束缚和伤害。

四是永远无法满足的爱。孩子考试得了 98 分，妈妈说怎么没得 100 分？孩子当上了三好生，妈妈说你为什么没有当班干部？孩子学会了弹钢琴，妈妈说什么时候才能考过八级？孩子参加学校体育比赛获奖，妈妈说四肢发达、头脑简单有什么用？孩子唱歌唱得很好，妈妈说你别想着能够成为歌手，赶紧好好学习，考试得第一实际点！总之，妈妈的期望像一个黑洞，无论孩子怎样奋斗，都无法满足。妈妈永远没有好脸色，孩子的努力永远不够。

五是“牺牲者”讨债的爱——“就是为了养你，我耽误了事业，没评上职称，你拖了我的后腿！可你还是这么不争气！”“你让我操碎了心！我身体这么不好，都是让你给气的！”这些妈妈把自己放在一个“烈士”的位置上，整天唠叨自己为了孩子“牺牲”了什么，抱怨孩子没有偿还这些“债务”，而且还动不动就被孩子“气”病了。其实，生育子女是妈妈自由的选择，养育子女是妈妈应尽的职责，为了子女而放弃一些事情也是妈妈自由的选择，妈妈应该为自己的选择负责，而不是把责任推到孩子身上。

这些“非爱行为”或多或少都会出现在每一个妈妈身上，很难完全避免，但是却可以通过妈妈的认识和反省来减少。如果妈妈不反省自己的“非爱行为”对孩子的伤害的话，那就是妈妈的失职，也是孩子的悲哀。

二、如何给孩子高质量的爱

没有爱就没有世界。但不是所有的孩子都能享受到真正的父母之爱；尽管天下父母都爱自己的孩子，但不是每个父母都会爱自己的孩子；而得到了父母真诚之爱的孩子又不是都能珍惜这份爱。其中元凶就是父母只是把爱的情感给了孩子，而并没有尽到教育的责任，没有将“把孩子培养成健康的社会人”作为教育孩子的目标，因此孩子只知道索取，没有学会爱的真谛。出于爱的关怀，未必带给孩子真正的关怀；出于爱的帮助，未必是给孩子真正的帮助。爱的沐浴，未必会让孩子感受到爱的滋润；爱的浇灌，并不必然会结出爱的果实。父母要学会在爱孩子的过程中教会孩子爱的真谛。

宠爱孩子，这是孩子的福分。所谓的宠，应该是满足孩子在成长过程中的感情需求，这样宠出来的孩子在日后的成长过程中会更加自信。天下的妈妈没有不宠爱自己孩子的，但是，并不是所有的妈妈都懂得宠爱孩子的尺度，这是孩子的不幸。对孩子的宠爱，应该有度，如果宠爱无度，就会变成溺爱。溺爱会给孩子带来一系列的不利影响：助长孩子的任性和娇气，弱化孩子与外界交流的能力，埋没孩子处理各种事情的潜能。

有一些妈妈，从来不让自己的孩子做任何的家务，对孩子的各种要求几乎是“有求必应”，当孩子遇到各种困难自己都先迎难而上。一句话概括就是，妈妈在极力创造一个让孩子感觉到没有任何委屈的环境。这样做的后果，孩子无疑是得到了安逸，万事不求人，但是这样做的同时，也把孩子应该具备的社会适应能力和免疫力舒舒服服地破坏掉了。

妈妈对孩子无度的宠爱还会使孩子在潜意识中形成“唯我独尊”的错误意识，他们成了家里的上帝，他们的喜怒哀乐左右了家庭的气氛。在学校中，有不少孩子是任性不羁的霸王，没有任何人能和他沟通，没有任何规则能够约束他。

现在一般的家庭都只有一个孩子，对子女的教育也更显得尤其重要。培养出一个优秀的人才肯定是每个家长的愿望。现在的小孩子都是爸爸妈妈的心肝宝贝，更是爷爷奶奶的小皇帝，大多数人都是宠着孩子。尤其是爷爷奶奶更是如此，因为他们小时候受过很多的苦，当然不希望自己的孙子孙女受哪怕是一点点的委屈。这样是非常不好的。人本来天生就是自私的，小孩子手里拿一个东西你如果要拿过来一般是要拿东西去换的。如果不小心小孩子摔了一下，大人通常在孩子有反应之前就有很大的反应了。比如说大人会说“哎呀，把我的宝贝摔着了，都怪这地板”类似的话。其实这样是非常错误的。这样让小孩子从小就养成唯我独尊的习惯，不管是别人的错还是自己的错都会认为是别人错了。明明地板没有错，为什么要告诉孩子是地板错了呢？而且在这种情况下，大人如果没有任何反应，孩子可能自己爬起来，基本只要不是摔得很重，不会哭。但是大人一大声说话，小孩子肯定就会哭了，又得哄，养成坏习惯。

过度宠爱的不良后果，主要表现在以下方面：

（1）被过度宠爱的孩子容易变得无情，只喜欢一味地索取，不懂得付出。

（2）被过度宠爱的孩子容易变得无能。如果妈妈帮助他做了很多本该属于他做的事情，过度的照顾让孩子的品德、智力甚至是身体发育停滞不前。妈妈可以给予孩子生命，但却无法担负孩子的一生，孩子迟早要独自面对他自己的事情。

（3）被过度宠爱的孩子基本上缺乏自强的精神，缺乏自立的能力，承受不了任何风风雨雨，心理的抗挫折能力极差。有些孩子会在日常的生活中有一些具体表现，比如缺乏自我控制能力，行为怪异；不能控制饮食；在活动中不守秩序，如果别人不按照自己希望的方式就会大吵大闹；很少为别人考虑；不能与别人一起分享成果。

（4）被过度宠爱的孩子会表现得很难适应社会，因为过分娇宠的孩子容易自私、任性、放肆、骄傲、易发脾气、不遵守规则、没有公德等。这样的孩子一旦走上社会，往往高不成低不就，大事做不来，小事不肯做，注定要失败。

在当今我国的独生子女身上，过度宠爱、娇生惯养的危害体现得淋漓尽致，而西方国家的孩子相对来说就独立很多，所以，我们的妈妈可以向外国先进的育子智慧学习。在美国，无论家长是高官还是富豪，从来都不给子女零花钱。而子女的零花钱大多是通过课余或假期的打工“按劳取酬”获得的。不仅如此，当子女成长到了 18 岁的时候，他们就再也不会在经济方面依赖自己的父母，而是必须要自食其力。而这些美国孩子也把长大了还向父母伸手要钱视为是一种耻辱，自觉地凭劳动和智慧来挣钱料理自己的生活。总之，要想孩子独立，就要从小培养他的独立意识，不能娇生惯养、过度溺爱！

妈妈爱孩子，这是人之常情大家都理解，但是千万不要“过度”。爱孩子不能只用感情，爱孩子需要用智慧，教育孩子时坚持“要宠不要惯”的原则才是最好的方法。

三、不可忽视的爱的表达

有关的研究表明，如果孩子在1岁的时候没有得到充足的爱，将来会或多或少表现出人格的缺陷。心理学家认为妈妈与孩子的关系具有绝对的依赖性，不仅在生理上需要得到妈妈的照料，同样在心理上渴求来自妈妈的爱。如果一个孩子在幼年的时期严重缺乏妈妈的关爱，在他成人之后就完全不知道如何给予他人关爱，甚至一生都会受其困扰。

有些妈妈感到疑惑，甚至并不认同这样的说法。天下的妈妈没有不是一心在为孩子着想的，哪有不爱孩子的妈妈？但是，很多妈妈不了解自己的孩子究竟需要的是什么样的爱。妈妈感到很头痛，孩子也感到很难受。

很多妈妈对孩子的关心可以说是到了无微不至的地步，甚至可以说是具有无私的奉献和牺牲精神。她们为了孩子能够更好地成长，省吃俭用，节衣缩食，把全部的财力和精力都奉献给了孩子，帮助孩子创造最好的物质条件和学习条件，只要是别的孩子有的，我的孩子也一定要有。这样对待孩子，能说是不爱孩子吗？结果，孩子的心理出现了障碍，与妈妈的隔阂反而越来越大了。于是很多妈妈不禁感叹："教育孩子可真难啊，我费了那样大的心血，可是他却这样对我！"

妈妈对孩子的爱，如果仅仅是物质上的奉献是远远不够的。妈妈对孩子的爱，还应该包括对孩子的尊重，亲子之间亲密、平等的交流。有一个小学生在他的日记中就写道："我希望，妈妈能够经常对我笑，能在我睡觉之前和我说声晚安。"孩子是多么渴望与妈妈的感情交流啊。作为妈妈，不要总是觉得自己有多么地爱孩子，重要的是让孩子能更多地体验到妈妈对他的爱。很多妈妈都为了孩子付出了巨大的代价，但是她们的孩子却很难体验到妈妈的爱，使爱的质量大打折扣。

所以，妈妈不仅要会爱孩子，还要会向孩子表达爱。那么怎样正确地向孩子表达爱意呢？美国宾夕法尼亚大学莫尔学院一位博士认为：妈妈应该给自己准备一份自我检查表，经常对照检查。检查的内容有：

（1）告诉孩子"我爱你"。

（2）通过温和的触觉传达对孩子的爱意。

（3）关心孩子的行踪。

（4）让孩子明确什么是对，什么是错。

（5）对孩子每一个小小的进步表示认可。

（6）向孩子询问对父母是否有意见。

（7）耐心地回答孩子提出的各种问题。

（8）交给孩子一些工作，让他懂得承担责任。

（9）让孩子对自己有足够的信心。

（10）尊重孩子的人格。

这位博士在研究过程中，为妈妈总结出向孩子表达爱的 3 条途径：

第一，每天有固定的时间与孩子进行交流。可以是坐在地板上与孩子一起做游戏，可以是帮助孩子完成学习计划，可以是与孩子一起欣赏光盘。

第二，用和蔼的语言让孩子感觉到被认同。当孩子向妈妈表达一种感受的时候，妈妈应该是以同样的心情回应他。

第三，帮助孩子正确表达自己的情绪。妈妈可以限制孩子的行为，但是要让孩子充分地表达自己的情绪。交给他正确表达情绪的方法，并不是单纯靠哭闹就可以解决问题。

以上这些方法仅仅是表达爱意的几种方式，相信妈妈在与孩子的相处中，能够得知更多的向孩子表达爱意的途径。也许你某种方式的拥抱，让孩子笑得特别开心；也许你和孩子在一起玩的某个游戏，让孩子离你更近；也许你说的某一句话，让孩子可以乐上几天。这些都可以成为你今后向孩子表达爱的重要途径，其实，只要妈妈用点心，孩子就能更好地体会你的爱。

四、爱的合理给予

父母对孩子过度的爱容易造就出一批自私、不懂感恩、心智不成熟、人格不健全的儿女，真正伟大的爱不是无限制地给予，而是合理地给的同时也有合理地不给，它是合理地安慰、鼓励、督促、给予，也是合理地争执、对立与批评。它是一方面尊重孩子生活的独立性，另一方面又给予孩子积极的引导。

因此，妈妈在教育孩子的时候，不要给予孩子过度的爱，不能溺爱和娇惯，要让孩子明白不是所有想要的东西都能得到，爸爸妈妈不是能帮你实现所有愿望的超人；如果家长满足了你的需求，要感谢他们的辛勤付出；干净的衣服、可口的食物、舒服的环境，这一切都不是理所当然的；好东西是应该与别人分享的。当孩子了解了这些事实后，他会迅速长大，懂得感恩、懂得分享、懂得控制。孩子生来是一张白纸，关键在于妈妈在上面写上什么样的思想情感。不要在白纸上填满色彩，也不要给予孩子太满的爱，凡事留点空间，才有更多的美感。

给予孩子爱，是所有妈妈的本性，不是件难事。正如美国心理学家斯考特·派克所说的，对孩子的溺爱和对宠物的爱有一致性，可以说是一种父性或母性的本能。它不需要努力，不需要经过意志抉择，并且对心灵的成长毫无帮助，所以不能算是真爱。虽然溺爱也能帮助建立亲密的人际关系，但要养育健康而心智成熟的子女，还需要更多的东西。所以，真爱不是只会给予的爱，而是合理地给与合理地不给的理智的爱。

虽然，这样做的妈妈经常会处于一种两难的困境当中，一方面要尊重所爱的人在生活和人格上的独立，一方面又要适时提供爱的引导。这种真爱复杂而艰巨，需要认真思考，需要不断创新。但是，为了孩子健康成长，妈妈多花点心力又有什么关系呢?

五、给孩子备足优质的精神食粮

天下妈妈无不期望孩子获得成功。孩子怎样才能获得成功呢? 很多家庭没有很优越的条件，没有很多的资源，也没有高知的妈妈，即便这样就不能培养出精英了吗? 每个孩子都有自己的理想，作为妈妈要帮助孩子实现他的理想，帮助孩子树立信心，告诉他一切都是暂时的，美好的未来是通过自己的创造才能获得的。要知道，比物质贫困更可怕的是“文化贫困”，如果一个家境普通的孩子失去了进取的意志，那就永远不可能再有成功的机会了。所以妈妈要注重培养孩子追求成功的意念。当孩子相信自己是有能力的，并感觉到他人的欣赏、肯定，他就会多一份自信，多一份责任，也就会具备追求成功的意念。妈妈的激励将有助于孩子获得这些。

那么，妈妈应该怎样让孩子在精神方面不再“贫困”呢?

1. 多鼓励自己的孩子

激励的教育方法主要是通过妈妈的谈话来实现的。妈妈期望的目标，有时会成为孩子追求的目标。妈妈要对孩子的发展充满信心、充满希望，要善于抓住孩子的优势以激励孩子主动发展，追求成功。妈妈可以针对孩子的具体特点，为其设定合适的追求目标。妈妈特定的动作、手势、表情、眼神在特定的环境中也都具有某种激励作用，以至于孩子具有更强的追求成功的意念。

2. 鼓励孩子自己实践

过分地包裹束缚孩子，会给予孩子更多的惰性和笨拙，并失去应有的斗志和雄心。妈妈都希望同孩子一起分享成功的喜悦，那么，就请妈妈放开双手，让孩子自己走。当你给孩子一个自由发展的空间时，会欣喜地看到你所希望看到的东西。

妈妈让孩子处于竞争的机制时，比如，带两个孩子一起走，这样，就容易激起孩子的求胜欲望。孩子在竞争的过程中，会更加强烈地认为成功其实就在身边，那么，也就更为进取、聪慧。

3. 帮助孩子树立责任心

孩子的责任心，从哪儿来？其实，妈妈只要让孩子充当一些有意义的角色，使他们感到自己的行为对家庭所产生的重要性，同时也培养他们战胜自己的弱点，增长各种能力的信心。

在家庭中，妈妈应有意识地分派给孩子一些力所能及与其年龄相当的劳动任务，例如打扫卫生，负责为花草浇水，等等。与孩子进行平等的交流，也是培养责任心的一种方式，不但要倾听他的心声、感受，也要同他谈些自己的喜怒哀乐，当然内容应该是孩子所能接受的。

4. 让孩子体验成功

自信心对一个人一生的发展所起的作用是无法估量的，无论在智力上还是体力上，或是做事的各种能力上，自信心都占据着基石性的支持地位。一个人如果缺乏自信心，就会缺乏探索事物的主动性、积极性，其能力自然要受到约束。每个妈妈都是能够让自己孩子体验成功的，只要伸出你的手去牵引，只要付出你的心去关爱，幼嫩将变得更为茁壮。

《一岁就上常青藤》这本书，将美国的穷人分成两类：一类是境遇贫困，这种是属于暂时的；而另一种是世代贫困，是由于其文化行为决定的，会持续下去。很多穷人的贫困和其文化行为有关，要战胜经济贫困，就要先战胜文化贫困，经济贫困和文化贫困是两个不同的概念。而物质条件、资源条件上稍稍落后都是暂时的。如果希望孩子能够克服一切困境走向成功，最重要的是摆脱孩子精神上的文化盲点。

真正爱孩子的妈妈，除了要尽力提高孩子物质生活的质量，更要注重孩子精神生活的质量。再穷不能穷教育，再贫不能贫精神！

六、品德比分数更重要

成绩拔尖却骄傲自负，是好学生吗？孩子对父母感情淡漠，怎么办？

有时老师们会发现，在自己班上，某些学习成绩好的学生在三好学生、优秀班干部等评选时得票却很少。因为这样的孩子只注重抓学习，与同学交往时自私自利。对待班级的事情毫不热心，甚至在老师面前也目中无人。

心理学家艾里克森提出的人格发展理论指出：人在一生中的每一个阶段都有一个由生物学的成熟与社会文化环境、社会期望值间的冲突和矛盾所决定的危机，人格发展的过程就是危机的不断解决、各阶段不断转化的过程，顺利解决矛盾就能形成积极的品质，反之就会形成消极的品质。

举一个例子，蒙牛集团在招聘人才时的标准：第一是有德有才被重用；第二是有德无才培养使用；第三是无德有才限制使用；第四个是无德无才坚决不用。蒙牛集团把德放在了第一位，而这里的德指的就是做人的根本，我们也应该把对孩子德能的培养看成是重中之重。

我们做家长的应该明白，对上中学的孩子来讲，分数成绩固然重要，但更重要的是要学会做人。这里的学会做人就是要不断克服自己的人格缺陷，不断完善自己，从而培养自己健康健全的人格。

他们能从花开花谢、草长莺飞中感受自然界的和谐美；他们能从别人的一声问候、一丝微笑、一次颌首中感知和领略人间真情；他们能从彼此合作、相互帮助、同舟共济，感悟友情的珍重和价值。

我们家长可以反思一下，平时对孩子的评价与关注是不是过多地集中在考试分数上，是不是对他们的思想行为和道德行为缺少关注？要知道，这样做孩子的智力可能得不到良好的发展，而且其品德、人格及行为习惯上的问题也可能使孩子产生行为上的偏差和心理疾患，甚至会步入歧途。所以，家长应该教子“先成人，后成才”。

但丁说：“道德常常能弥补智力的缺陷，然而，智力却永远填补不了道德的空白。”父母要善于通过“潜教育”来培养孩子的意志、品德、胸襟等品格，有效的方法是父母首先要提高自身道德修养，成为孩子效仿的对象。因为孩子是站在父母肩膀上的，父母能走多远、看多高，孩子就能走多远、看多高。

七、提高孩子的情商

现代的父母都非常重视对孩子的培养，为此可以不惜一切精力和财力。但应该看到，绝大多数的家长热衷的都是在智力方面的投入，而对非智力因素重视不够。这常常造成这样的两种结果：在智力方面下了大功夫，但却收效甚微；即使在这方面有所收获（这常常又以孩子考上一所好学校为衡量标准），但又发现孩子走上社会后，举步维艰，难以施展拳脚。造成这两种结果的最主要原因就是孩子在情商方面出了问题。等到家长意识到这一点，常常是为时已晚。因为此时孩子已经长大，性格已经形成，培养情商的最佳时期已经错过，此时大人的话已很难在他们身上产生作用。所以我要倡导的是：对孩子的教育要从小抓起，情商和智商，一样不能少。如果你的孩子已长大，现在发觉他在情商方面确有欠缺，怎么办？我想，除了提醒他在不断的挫折和失败中吸取教训、感悟提高外，恐也难有其他妙方了，而这样的结果又是哪个家长愿意看到的呢？

之所以造成今天这么多的家长偏重于孩子的智力开发，而忽视情商的培养，除了与当前的教育体制有很大关系外，还有一个很重要的原因，那就是前者的进步是显见的、立竿见影的，孩子成绩提高几分都能让家长欣喜不已；而情商的发展犹如春风细雨，沁入心肺于无声，装进脑间于无形。培养孩子是一项长期的系统工程，风物长宜放眼量，太过于在乎一朝一夕的得失是功利的、短视的行为，急功近利的后果往往是以将来付出加倍的伤心和懊恼为沉重代价的，此类的教训不胜枚举。作为家长，首先应当加强学习，对培养孩子的艰巨性和持久性有一个清醒的认识，对如何造就一个合格的人才更应有正确的理解和高瞻的眼光。如此，你才可以期望你的“雕子工程”大获成功，否则，就难保在你手上完成的不是一个“豆腐渣工程”。

八、智商和情商

我国从古代起就提倡“忍”、“三思而后行”、“不以物喜，不以已悲”、“淡泊明志，宁静致远”，现在风靡全球的“成功教育”、“愉快教育”也都无一不包含着情商培养的因素。因此，今天的父母在全方位的开发孩子智商的同时，更应加强对孩子情商的培养。

说了这么多情商的重要，那么，到底什么样的做法才是高情商的表现呢?

首先，高情商的人不管做什么事情的动力都是来自于内部，他们有很强的自觉性和主动性。在决定要做一件事情之后，没有完成是绝对不肯罢休的。做任何事情，他们都有明确的动机、强烈的兴趣以及所表现出的积极独立和不甘落后，并且有勇气，自信心强。一个高情商的孩子，懂得自动自发，自动做事、自动读书、自动做功课……所有的一切都是自动的，不用别人来督促。因此，就算他的智商不比别人高，但成绩也可以比别人好。

其次，高情商的人目光是长远的，他们不会沉溺于一些短暂的利益之中，不管想什么问题、做什么事情，他们都会把眼光放得很远，而不会满足于眼前的一点点欲望。

比如，研究者告诉孩子们说：“这里有糖，你们可以马上吃，但只可以吃一块，如果等我出去办完事回来再吃，你们可以得到两块糖。”跟踪实验的结果表明：那些有耐心等待的孩子，长大后比较能适应环境、讨人欢心、敢冒险、自信、可靠；而那些只满足眼前欲望的孩子，长大后各方面的成就都不是很高。

第三，高情商的人善于控制自己的情绪，他们在任何时候都可以做到头脑冷静、行为理智，能抑制感情的冲动，克制急切的欲望，及时化解和排除不良的情绪，使自己始终保持一种良好的心境，心情开朗，胸怀豁达，心理健康。一个高情商的孩子，会把自己的情绪控制得很好，当他们遇到让他们感到烦恼的事情时，他们可以自己化解，绝不会做出一些极端的事情来。

第四，差不多每一个人都有某些连自己也看不清楚的个性上的盲点，高情商者常常会自我反省，从不同的角度了解、认识自己，对自己有一些比较客观的评价，具有自知之明，并且能正确地为自己定位。因此，他能够处理好周围的一切关系，而成功的机会也总是比较大。一个高情商的孩子，会很清楚地看到自己的优点和缺点，他们既不会因为成绩好、受老师赏识而自傲，也不会因为自己在某方面不如别人而自卑。

最后，高情商的人善于洞察并理解别人的心态，能控制自己的情绪，会设身处地为别人着想，领悟对方的感受，尊重他人的意见。因此，他们善于人际沟通与合作，人际关系融洽，在复杂的人际环境中也会游刃有余。一个高情商的孩子，在集体中会有好人缘，容易受老师和同学的喜爱和欢迎，很少感觉孤独。

其实情商就是一种能力，是一种创造，又是一种技巧。既然是技巧就会有规律可循，就能被人们所掌握，就可以熟能生巧。只要让孩子多一点勇气、多一点机智、多一点磨炼、多一点感情投资，孩子们也会像“情商高手”一样，营造一个有利于自己生存的宽松环境，建立一个属于自己的交际圈，创造一个更好发挥自己才能的空间。

家庭是孩子学习情商的第一所学校，是孩子情感发展的基石。在家里，他们将学到许多基本信息知识，比如他们的自我观察，别人对自己的反应，如何看待自己的感觉，如何洞悉别人的情绪与表达自己的喜怒哀乐等。根据研究显示，父母对待子女的方式，对子女的情感世界有长远而深刻的影响。因此，想要孩子具有高情商，父母必须力争做到以下五点：

1. 为孩子树立良好的榜样

父母的一言一行、一举一动，无不对孩子起着潜移默化的影响和作用。因此，父母要以身作则，凡是要求孩子做到的，首先自己要做到，用榜样的力量去影响孩子。

2. 父母要用好的情绪影响孩子

孩子的情绪往往受家长的影响，平时在生活中，家长要用热情、豁达、乐观、友善等好情绪对待孩子和他人，控制住自己不好的情绪，这样孩子才会具有活泼、大方、快乐、关心他人的优良情绪和性格。同时大人还要及时排除孩子恐惧、抑郁、悲伤、愤怒等不易被社会接受的坏情绪。父母还要让孩子懂得应该在什么场合，用什么样的情绪，以便让孩子能自觉地掌握，逐渐形成自我控制情绪的能力。

3. 要注意孩子情感的细微变化

父母要与孩子做一些心灵沟通，做孩子的知心朋友。对于孩子的要求，只要是合理的、能够满足的，父母应该尽量给予满足；不合理的、不能满足的，则要向孩子说明为什么不能满足的道理。父母千万不能不关心孩子的痛痒，也不能让孩子放任自流，更不能动辄训斥、打骂，压抑孩子的情感流露。相反，父母应让孩子的情感得到合理的流露，并要了解它产生的原因，需要解决的，应及时加以决。

4. 要为孩子创造各种人际交往的条件

如果家里来了客人，父母要让孩子相识相伴、沏茶接待。父母也要适当带孩子去参加一些聚会、晚会，让孩子见见各种场面，学习与各种人打交道。另外带孩子上街时，要鼓励孩子问路。乘车、进公园、购物等，都可由孩子付费。孩子在幼儿园或学校当了小干部，都要予以积极鼓励和支持。

5. 要带孩子多参加各种集体活动

在集体活动中，孩子与同龄的小朋友一起生活游戏，他们会相互教会怎样玩耍、怎样相处、怎样生活。父母要欢迎孩子的朋友上自己家里来玩，也要鼓励自己的孩子到别的小朋友家里去玩。在孩子与其他小朋友交往的过程中，父母要教育自己的孩子严于律己、宽以待人、互相信赖、彼此尊重！

喜怒哀乐，人皆有之。在家庭中，教孩子学会情绪的自我调适，以下建议可供父母们参考：

加强自身的情感训练，提高自身的素质，具备基本的情商。

对孩子细心一些，发现孩子情绪不佳时，要懂得理解孩子的感受，努力去了解引起孩子情绪不佳的前因后果，进而协助孩子以适当的方法抚平不佳情绪。

帮助孩子建立自信心，培养他们的同情心，促进其情商的发展。

每天和孩子聊天 10 ～ 20 分钟。为了避免拘束，可以采用共同的游戏、文体活动，或者是在睡前陪伴孩子一会儿，创造一种轻松温馨的气氛，使孩子愿意说出想说的话。创造轻松活泼的气氛，保持乐观、平和的心境，处事不惊，顺其自然，应变能力较强，知足者常乐，能够轻松做事。

第二章
做不抱怨的父母

一、教育孩子应从改变自我开始

二、停止抱怨，父母应先做好自己

三、不要让孩子从小就学习父母的世故

四、给孩子树立诚实的榜样

一、教育孩子应从改变自我开始

父母的心态在无形中影响着孩子

每个孩子出生时都如同一张“白纸”，父母的心态是悲观消极还是乐观积极，是斤斤计较还是宽容大度，是知足节俭还是贪婪奢侈……对孩子都有直接而重大的影响。孩子身上的优点、缺点大多都来自父母这个原型，只是用不同的方式表现出来而已。

家长的心态对子女的影响具有早期性、广泛性和长期性。孩子在成长的头几年和父母朝夕相处，所以他对人生、对学习、对社会的经验，都深受父母的影响，正如《孔丛子·居卫》中所说的：“有此父斯有此子，人道之常也。”有什么样的父母往往会培养出什么样的孩子。

国外流传着这样一首育儿歌：“挑剔中成长的孩子，学会苛责；敌意中成长的孩子，学会争斗；讥笑中成长的孩子，学会羞怯；羞辱中成长的孩子，学会自疚；宽容中成长的孩子，学会忍让；鼓励中成长的孩子，学会自信。”这首歌谣也说明了家长的教育思想、教育态度和教育方法等和孩子的身心发展是息息相关的。

没有不好的孩子，只有不会教育的家长。家长的教育行为是在其心理的支配下有意识地进行的，负面的教育心态必然产生不当的教育行为，进而对子女的成长发展带来不良影响。现在社会中，许多家长存在急功近利、自私浮躁、盲从攀比等心态，这些都会耳濡目染地“毒害”着孩子的健康成长。

有这样一句阿拉伯谚语：“一棵无花果树看到另一棵丰收的无花果树，就同样变得硕果累累。”父母的心态对孩子的心态构成有着非常巨大的影响力，孩子的心态特征很大程度上深受家庭的影响。如果把家庭比作人生之海中的一只小船，那么，这只小船即可以带孩子驶向健康快乐的理想国度，也可成为孩子的“毁灭之舟”。目的地在哪里，关键在于这只小船的掌舵人——父母。

托尔斯泰说过：“全部教育，或者说千分之九百九十九的教育都归结到榜样上，归结到父母自己生活的端正和完美上。”孩子是父母的影子，父母的心态也处处影响着孩子的成长，因此父母想要教育好孩子，首先要调整好自己的心态。

年幼的孩子可塑性强，比较容易受到外界的影响，所以家长要特别注意自己的不良心态在孩子成长的过程中对他们产生的不良影响。

那么，父母不良的心态对孩子的影响都有哪些表现呢?

1. 对孩子抱怨挑剔

有的父母对孩子的期望值太高，常常认为孩子的优点理所当然，而缺点就无法容忍，这样孩子永远达不到父母要求的标准，容易变得自卑。

2. 给孩子不良的心理暗示

有时，父母喜欢抱怨孩子“没礼貌”“不爱学习”等，久而久之，这些评价会带给孩子一些不良的心理暗示，他们会认同父母的这些看法，并且让自己的行为更加“符合”父母的抱怨。

比如说，有的家长觉得孩子语文成绩很好，就开始抱怨他没有数学细胞。这样孩子以后在数学学习中遇到问题，就可能会理直气壮地想：“我没有数学细胞。”孩子的数学成绩也可想而知。

3. 让孩子圆自己的梦

父母在其一生中难免会留下一些遗憾或者没有完成的心愿，于是在孩子出生后，有些父母便把希望寄托在孩子身上。比如有的父母在生活中受疾病的困扰，他们就可能非常迫切地想要自己的孩子当个医生；有的父母年幼时因家境贫困放弃了出国留学的机会，他们便想尽办法让自己的孩子去出国留学……父母的这些心愿自然就会阻碍孩子正常的兴趣和爱好，迫使孩子去实现父母的愿望和梦想。

改变心态是成功教育的关键

吴彤是一名高中生，她身材高挑，喜欢唱歌跳舞，班主任很希望她将来能考上一所艺术院校继续深造。但是最近吴彤却染了头发，割了双眼皮，并经常旷课去参加社会上的一些“选秀”活动，使功课落下许多。班主任找她谈话，她却说：“出名要趁早。只要能进入半决赛，我就走红了，会有很多公司来和我签约。”班主任告诉她：“你现在正是潜心学习的时候，这样急功近利的心态，即使出了名也未见得就好。”但是吴彤就是不听劝。

班主任便去吴彤的家中找她的父母了解情况。谈话中班主任才明白，吴彤汲汲于名利的心态原来是受她母亲的影响。她的母亲把名利看得很重，经常逼着老公“升官发财”，从小教育吴彤将来要出人头地，挣更多钱。当父母认识到自己的不良心态导致吴彤荒废学业时，追悔莫及。

在现代家庭中，独生子女居多，许多家长对孩子寄予厚望。他们竭尽所能地给孩子提供最好的生活、学习条件，给孩子无微不至的关怀和照顾，却不注重对孩子良好心态的培养，不注意自己的心态对孩子造成的影响，导致许多孩子表现出不良的心态，例如有的孩子（像案例中的吴彤）急功近利，不安心读书；有的孩子消极悲观，没有理想和追求；有的孩子缺乏自信，遇事犹豫不决；有的孩子自私霸道，不懂得分享，不懂得感恩……孩子的这些不良心态和行为习惯对其健康成长极为不利。抱着这样的心态，孩子怎么可能适应社会发展的需要，参与未来的社会竞争呢?

因此，要改变孩子的这些不良行为习惯，就应该从改变孩子的心态入手，而孩子的心态又深受父母的影响。可见，父母首先改变自己的心态，进而改变孩子的心态，不但尤为必要，而且迫在眉睫。

1. 学会先改变自己的心态

有一个家庭，孩子刚出生时，年轻气盛的小两口因工作不顺利而导致心态不好，常常为一点儿小矛盾斤斤计较，抱怨指责对方。父母这样的心态也影响着孩子的成长，孩子 1 岁时本是学习说话走路的大好时机，可是他们的孩子一放到地上就吓得哇哇直哭，逗他玩笑，他也无精打采地提不起兴趣，只想躲在父母的怀抱里。

这对夫妻找心理医生咨询后才得知，原来是因为他们两个人的消极心态影响到了孩子，导致他小小年纪就自卑、悲观。

于是，为了孩子的健康成长，夫妻两人商量好不再为生活中一时的困难失去信心，不再遇事就抱怨责怪对方，更不会在家中继续营造这种不良的气氛。为了生活，为了孩子，这对夫妻改变自己的心态，努力工作，营造和谐的家庭氛围。

现在，这对夫妻已经有了自己的公司，生意兴隆。更让人惊喜的是，那个孩子现在聪明健康，已是成绩优异的大学生。

有些家长以为孩子还小，不懂得他人的感情和心态。其实不然，孩子都是很敏感的，你的一声叹息、一个皱眉、一次撇嘴，他都能读懂内心的无奈和抱怨，并被你的这些负面心态所影响，不由自主地变得悲观不安。

有时你难免会对周围的某个人或某件事满腹牢骚，难以自制；有时你会为了追逐名利而患得患失；有时你会瞻前顾后、忧虑重重……当你意识到自己产生了这些不良心态时，就要有意识地做出改变，换个角度看问题，就可会变得豁然开朗。反之，如果你任由这些负面心态发展下去，不但会使自己的心情越来越糟糕，还会让孩子变得和你一样消极。

其实，父母教育孩子的过程，也是父母与孩子共同学习、共同成长的过程。所以，父母只有先调整自己的心态，在孩子的心目中树立一个正面的形象才能改变孩子的心态，使孩子走向成功。

2. 拥有积极的心态

父母积极的心态也会促使孩子产生良好的心态，反之则有可能使孩子产生负面心态。所以，为了孩子的健康成长，家长一定要拥有积极的心态，可以从以下几个方面去做：

（1）端正思想，改变心态

你的心态是你真正的主人。正面积极的心态能使你获得成功；好心态使你乐观豁达，可以使你战胜面临的苦难，可以使你淡泊名利，可以使你获取健康、幸福和财富。同样，负面消极的心态也能让你走向未来。

父母要想改变孩子，就得先改变自己，改变自己的最好方法是拥有积极的心态，抛弃那些消极的心态。

（2）与其抱怨，不如直面现实

人生有顺境也有逆境，有巅峰也有低谷。当我们面对挫折和不顺时，与其一味地抱怨、生气，不如直面现实，去努力改变。

（3）宽容大度是一种美德

俗话说得好："退一步海阔天空，让几分心平气和。"这就是说人与人之间需要宽容。宽容是一种美德，它能使一个人得到尊重；宽容是一种良药，它能挽救一个人的灵魂；宽容像一盏明灯，它能在黑暗中放射出万丈光芒，照亮每一颗心灵。

（4）拿得起，放得下

人生应该有所追求，但暂时得不到也不可强求，正所谓"一切随缘"，不能急功近利，而要拥有一颗平常心。不管发生什么，都能以一种平和的心态去面对，这样才能活得轻松愉快。此外，适时地放弃也是一种智慧，有时候，盲目坚持不但达不到目的，反而会令自己身心疲惫。所以，要成为一个快乐明智的人，就要学会放下，如此才能有所获得。

培养乐观积极的心态

卡耐基曾说："对于一件事情的看法，人们会因切入角度的不同而产生不一样的想法。一个悲观的人，事事都往坏处想，于是愁眉苦脸、愤世嫉俗，但他这样也不过是亲者痛、仇者快，苦了自己。除此之外，他的生活情绪一定会大受影响，还会连带地影响他人。"

乐观的心态能激发希望，悲观的心态则毁灭希望。生活中，每个人都会遭遇各种各样的挫折与打击，消极悲观的人在困境中滞留于冷漠、无力、沮丧的心态，因而垂头丧气，一蹶不振，让生活变得更糟糕；而积极乐观的人面对挫折仍坚信情况势必会好转，于是积极地去摆脱困境，解决难题。

同样是半杯水，悲观的人会说："唉，只剩半杯水了！"而乐观的人会说："不错，还有半杯水呢，怕什么！"——你以什么样的目光看世界，世界就以什么样的目光来看你。许多事情的或无或有、或大或小，往往都是由你的心态所决定的。

乐观和悲观就像一对孪生兄弟，相伴相随。面对困难，乐观就像一把钥匙，可以打开通往成功的大门；而悲观则像一副盔甲，把自己套得严严实实，看不到前面的光明和希望。

1. 积极乐观的心态是父母给孩子最厚重的礼物

王璐是一位单亲妈妈。婚姻上的挫折使她灰心丧气，甚至常常自怨自艾。儿子一天天地长大，但她却越来越不快乐，相反还显得很压抑。她每天回到家里都郁郁寡欢，也很少与朋友、同事和同学交往。儿子上了学。该买的辅导书也买了，该请的家教也请了，可是成绩并不理想，她不知道究竟是什么原因导致孩子出现这样的情况。

直到有一天，王璐无意中看到儿子的日记，才有了一点儿线索。儿子在日记里写道："我是一个自卑的男孩，没有爸爸，也不招人喜爱，头脑也不聪明，因此生活得很不幸福。我知道妈妈爱我，可是我无论怎样做，也不能够让妈妈满意。有时，我也很痛苦，真想一死了之……"

王璐深深地被日记内容震惊了。日记里那个自怨自艾的男孩，悲观消极心态，这几乎就是她自己的翻版！原来，自己的悲观和消沉给孩子造成了极大的心理负担。她意识到，只有改变自己的心态，才能够改变儿子的心态。

于是，王璐开始积极寻找可以激励自己的方法，她参加了继续教育，还进行健美形体训练，工作之余和同事一起共进午餐，逐渐摆脱自己孤僻、消沉的形象。看到妈妈坚持不懈地这么做，而且还前所未有的认真，孩子也有了一个改变自己的计划。

这样，母子两人互相鼓励，共同进步。现在，王璐整个人精神焕发，她的儿子也变得开朗活泼，好像重新获得了新生。

王璐的经历告诉我们，父母消极悲观的心态也会让孩子变得消极悲观，只有先改变自己才能够改变孩子。一般而言，如果父母具有积极乐观的心态，遇事不畏艰难、愈挫愈勇，那么他们的孩子也会形成积极乐观的心态，在人生的成长道路上积极地生活，不断克服困难、开拓前进。

对于一个人而言，积极乐观的心态是健康成长和良性发展的必要条件，是一笔终身取用不尽的储蓄。乐观是父母给予孩子的最厚重的礼物，它远比聪明、漂亮更重要。作为家长，要培养自己积极乐观的人生态度，并将之传递给孩子，能帮助孩子拥有一个快乐的人生。

2. 培养自己积极乐观的人生态度

积极乐观的心态需要反复学习与实践。家长要通过每一天的学习，不断克服自己的负面心态，使自己成为一个积极乐观的人。我们要做的是：调整认知，乐观评估现状。

就同一个人来说，不同的认知会得出不同的结论。因此，我们首先要调整自己那些不合理的认知，要全面认识自己，正确、乐观地评估现状。要告诉自己："我有很多优点"、"我比很多人都更幸运"、"现在所遇到的情况一定会有转机"……只有你这样想了，才会更容易做出比较积极的选择。而这些选择恰有利于使事情朝好的方向发展。

抱怨是一种无形的语言暴力

1. 语言的暗示作用是巨大的

"你真是烂泥扶不上墙，连这么简单的题都不会做！我看你是没指望了！""我每天都要照顾你的吃喝拉撒，都快成你的奴隶了，你却不知道领情！""你这孩子，怎么这么不懂事，看妈妈每天东奔西跑，忙着挣钱，不都是为了你？"

"孩子，失败是难免的，只要你努力，妈妈相信你一定会取得好成绩，相信你能成为最好的自己。""宝贝，没关系，做错事只要你找出原因并改正，你还是妈妈的好孩子。"

这是两种截然不同的声音，你喜欢听哪一种呢？

相信每个人都会选择后者。前面的声音是父母经常说、孩子经常听，也是最刺耳的声音，但由于经常说、经常听，很多人也就习以为常了。可你是否想过，这样的声音，你的孩子却每天都能听到，那就是你所发出的抱怨。也许你自己不曾体会，但你是否想过这种声音对孩子的危害？你是否注意到，天长日久，这种声音给孩子带来的是什么样的心理影响呢?

这样的声音传递给孩子的是一种危险的信号，如果一个孩子生长在一个充满抱怨的环境中，从小被戴上“没出息”“笨蛋”“傻瓜”的帽子，那么他的未来可想而知，他的心态将会是灰色的、消极的、悲观的，因为这些话语像一根根针刺激着他的心灵，使他失去自信心、自尊心和上进心，最后也会没有出息。如果我们不相信孩子，说他不行，他就会真的不行；如果我们能相信孩子，经常说他行，他就可能真的行。

所以，聪明的父母不该抱怨孩子笨，而应该对孩子多说“你很聪明”“你很乖”之类的话，调动孩子的积极性。

2. 语言暴力的杀伤力

有一对表兄弟，表弟非常聪明，成绩也很出色，而表兄从小就感到来自表弟的压力，因为妈妈总是夸奖表弟，数落他，他觉得自己就像丑小鸭一样，无法比过表弟。

这天，表弟又到表兄家玩，表弟一过来就很骄傲地向大姨炫耀：“我这次考试大部分都得了 90 分，是全班的第一名。”

“你真是个聪明的孩子，学习成绩一向那么好。咦，你表兄考得怎么样，我还没见到他的成绩单呢！你去把你表兄叫过来。”其实表兄已在门外听到了他们的对话，他不想过去“丢人”，但是不过去，妈妈又该责骂他了。他怯怯地走到妈妈跟前。

“这次考试的成绩单拿给我看看！”妈妈带着命令的口气说。

表兄慢腾腾地拿来成绩单，妈妈看后，立即大发雷霆：“怎么，好几门都是 80 多分，还有一门不及格。你是怎么考的，考得这么差，你真让我感到羞愧。你看看你表弟，每次都是第一名，你怎么不跟他学学，回房间去吧，抓紧看书。”表兄在表弟面前受了妈妈的训斥，感到颜面扫地，当即含着眼泪回到了自己的房间。

之后，表弟每次来找表兄玩，表兄都不愿意见他，他变得内向、胆怯、不愿出门，总是一个人憋在家里闷闷不乐，成绩更是大幅度下滑，后来，他初中没有上完，就辍学在家了。

表兄之所以走到最后辍学的地步，很大程度上源于母亲的抱怨，这种抱怨带着对比——与他表弟的对比，而这种对比让他感到巨大的心理压力，觉得自己不如别人，觉得自己是个笨孩子，觉得妈妈不喜欢他，故而他的自尊和自信心备受打击。于是，一个原本可以成才的孩子就这样被扼杀了。

由此，我们看到了语言暴力的危害是多么巨大，它不仅会扼杀孩子正常情商的发展，还摧毁了孩子的纯真梦想。所以，千万不要使用这种语言，也许你无意中的一句抱怨的话就可以击垮一个未来的天才。

此时，很多父母也许会感到冤枉——“我对孩子的抱怨真的是无心的。是希望他好起来。”“我真的感到孩子脑子太笨了。”也许，父母的话是由于儿子不努力，感到很生气，说出来的。但是，说者无意，听者有心，你的怨言在孩子的心里就如一颗炸弹一样，将他的自信心炸得粉碎。其实，正常孩子的智力都没有太大的差别，只是有的孩子智力发育得早，有的智力发育得晚而已。所以，孩子在某些方面暂时不如别的孩子时，父母不要随口就说孩子笨、孩子傻、孩子坏，这样的定论为时过早，而且如果父母总说孩子笨、孩子傻、孩子坏，会给孩子造成“我笨”“我傻”的心理定式，不但影响孩子的智力活动的积极性，还会极大地危害孩子心理健康。

二、停止抱怨，父母应先做好自己

每个孩子都会有自己的人生观。然而，有许多家长认为“人生观”这个词太大了，跟孩子的生活没有多大关联；也有一些家长觉得，只要让孩子吃穿不愁，教育他们好好学习就行了，人生观的教育应由学校和社会来承担。事实上，这是家长一种理解上的偏差，也可以说是一种认识上的误区。其实，孩子许多人生观的形成都源自于家庭。因此，父母不仅仅要将孩子抚养成人，还应教会孩子拥有正确的人生观。

曾有学者指出：人生观的意义就在于它能够反映人的行为和心理倾向，它具有定力作用，决定着孩子未来成为什么样的人，走什么样的路；人生观的树立将会推动孩子的长远发展；人生观还可提升孩子的人格层次。父母是孩子的第一任老师，要使孩子健康地成长，父母应自我审视对待人生的态度，努力树立起健康的人生观和价值观，让孩子在潜移默化中受到启发和指引。

有了明确的人生目的、人生态度、人生情感，孩子才会对生活充满热情，才会努力去克服种种困难和挫折，从而实现自己的人生理想。这一切实现的前提，是要父母自身首先具有明确的人生观，这样才可引导孩子建立自己的人生观。拥有积极的人生观的父母，孩子也容易健康快乐地生活；人生观消极的父母，孩子也就容易生活在得过且过、没有追求的环境中。因此，为了孩子的生命能开出绚烂的花朵，父母就要建立起积极向上的自我人生观，给孩子营造一个良好的精神家园。

父母的人生观是孩子成长的导航

苏原放学后并没有立即回家，而是转到了一个废弃的小工厂里玩了半天，才拎着书包慢悠悠地回去了。

刚到家，苏原就发现父亲又喝得醉醺醺地在门口斜靠着。父亲一见苏原回来，就借着酒劲儿骂他道："放学这么久了咋才回来，又跑到哪儿疯去了？"

苏原没吭声，直往屋里闯。谁知父亲一把抓住他，又使劲将他推到了地上，含糊不清地骂着："你这个小兔崽子！老子跟你说话你没听到啊？说，不好好学习又干吗去了？"

苏原坐在地上朝父亲吼道："您自从下岗后整天就知道喝酒骂人，还说我不好好学习？我就是不想学习，不想上学了！您再骂我，我就退学！"

之前父亲喝完酒回来就总是拿苏原出气，他从来都不反抗，这次苏原的话让父亲惊得酒都醒了一大半，他也觉得是自己下岗后的行为和心态影响了孩子，所以便不再说什么，一个人默默地进了屋。

如果人生没有了追求，生活没有了目标，就犹如帆船迷失了方向一样，也就不会取得任何成就。而父母若失去了人生向前的动力，必定会将这种情绪传染给孩子，就像上文中苏原的父亲一样，自己因下岗而找不到人生的方向和意义，整天借酒浇愁，进而影响到孩子也失去了学习和生活的动力。由此可见，父母应首先加强自我人生观的修养，并要给孩子多讲人生观的价值和意义，用名人或熟悉的人的成功事例去引导鼓励孩子，从而帮助孩子树立起自己的人生观。而不要一遇到事情就去抱怨训斥孩子，要知道，很多时候这并不都是孩子的错。

父母的人生观可以带给孩子巨大的动力

田甜的爸爸是造纸厂的一名工人，妈妈是一位小学老师。尽管家境并不富裕，可父母却把所有的爱都给了田甜。

为了能让田甜从小就树立起远大的目标和拥有不懈前进的动力，父母决定自己要给孩子做个好榜样。爸爸妈妈下班后，他们的闲暇时间都是和书籍相伴的，从而给家里营造了一份浓浓的学习氛围，田甜自然也是常常手不释卷。而且不管父母遇到多大的难事，在田甜面前永远是一副笑呵呵的模样，并时时教导田甜要学会笑对人生。

等田甜考上高中后，爸爸报名参加了一个技术培训班，妈妈则在电大进修大专，为的就是给田甜一个积极向上的动力。虽然既要上班又要上课的生活很累，可他们从来不抱怨一声，每天都学习到很晚才休息。

田甜受到父母的影响，学习自然也很勤奋刻苦，并告诉爸妈说她对文学很感兴趣，长大一定要当一名非常出色的作家。

由此可见，在家中，孩子人生观的获得与父母自身的人生观有着不可忽视的联系。父母自身拥有的明确的人生目标、积极乐观的人生态度，都会在潜移默化中影响着孩子、感染着孩子，不但会给孩子树立良好的榜样和典范，也会成为孩子成长之路努力进取的动力。

因此，聪明的父母懂得以健全的人生观去引导孩子，让孩子能够克服任何困难和挫折，进而向着自己的人生目标奋斗。而那些忽视甚至漠视人生观的父母，很容易导致自己的孩子也缺乏健全的人生观，如此当困难袭来的时候，孩子便可能以消极、逃避的态度来对待，只会埋怨生活的不公、命运的坎坷和天意弄人。所以，我们应从学习上、生活上、精神上等各方面去关心、帮助孩子，让他们懂得人生的价值和意义，从而使其生命绽放出绚烂的花朵！

三、不要让孩子从小就学习父母的世故

在我们的身边常会出现这样的情景：当爸爸或妈妈问孩子喜不喜欢自己时，开始孩子可能会说真心话，喜欢就说喜欢，不喜欢就说不喜欢。可一旦孩子说不喜欢时，爸爸妈妈就会不高兴，并用孩子平时喜爱的东西千方百计地哄孩子说喜欢自己。更有甚者，会立刻翻脸训斥孩子："我辛辛苦苦把你养这么大，竟然还觉得我不好，真是个白眼儿狼！"而受了诱惑或惊吓的孩子就不得不违心地说喜欢。可是我们要意识到，孩子最初也许会迷惑不解，可类似的情况多了，就很可能让孩子渐渐学会圆滑世故，学会了看他人脸色行事。

孩子还处于模仿阶段，可他们的模仿是不分良莠的，因为他们还没有那么强的辨别能力。他们不但会学习父母或他人表现出来的优秀的方面，还可能将成人的世故当作聪明而一起兼收并蓄。因此，有些不宜让孩子知道的家庭琐事父母不要当着孩子的面处理，尤其不要在孩子面前说他人的不是。否则，过早地让孩子体味到世故人情，只会导致孩子变成"小大人"，让他们失去应有的天真烂漫心境。

家长的世故是隐藏在孩子身边的一枚"炸弹"

妍妍和妈妈一起坐公交车去商场。她们上车时，正好还有两个位置，妍妍和妈妈就一人坐了一个。

车到下一站时，上来了好多人，原本空荡的车厢顿时拥挤起来。这时，妍妍发现自己的身边站着一位老奶奶。于是，她想把座位让给老奶奶坐。谁知妍妍刚站起来，一只有力的大手就把她又按了回去。她扭头一看，竟然是妈妈！她看到妈妈表情复杂地向她使劲儿挤了挤眼。幸亏老奶奶是侧对着她们的，并没有看见刚才的一切。

等到下车了，妈妈还是不说话，似乎刚才什么都没发生。妍妍却忍不住问道："您刚才为什么不让我让座啊？"妈妈便以教育性的口吻说："我们刚上车，如果把座让出去了，你要在那儿站1小时呢！"妍妍辩解道："您不是还有一个座吗？我可以坐在您的腿上啊！以前我不就那样坐过吗？"妈妈有些不耐烦了："说你傻还真是傻！以前我们只坐几站就下车了，可这次要坐那么久。车上人还多，把你挤坏了可怎么办？"

听着妈妈振振有词的理由，妍妍有些糊涂了，不知道自己以后再碰到类似的事还要不要让座。

孩子的思想就像一条直线，他们只懂得如果这么做是对的，那么不管在什么情况下，都要这样做。可大人们"随机应变"的做法往往让孩子难以判断是非曲直。就如上例中妍妍的妈妈一样，让座竟也要视情况而定。可孩子们单纯的心灵怎能做到如此的"灵活"？因此，父母在平时一定要注意别把自己的"圆滑世故"传染给孩子，让孩子过早背负上周旋于世事的包袱。

世故会玷污孩子纯洁的心灵

父母觉得世杰越来越奇怪了，在家从来不做一点儿家务的他，现在竟然每天都主动帮值日的同学打扫卫生，还时常帮一些成绩不太好的同学补课，连因此而错过了他最爱看的动画片也毫不在意。

原本父母是认为世杰受到老师的鼓励才这么用心地做好人好事的，后来，妈妈无意中问他才知道了事情的原委。再过一周班级就要选新一轮的班干部了，世杰是为了得到同学们的选票才这么卖力地做这做那的。并且他还说，他要用自己的零用钱请同学们吃一顿，这样他被选上班长的概率就更大了。

妈妈吃惊地问世杰怎么会想到这样做的，世杰得意地笑着说："妈妈，这不都是您教的吗？您不是一直对爸爸说让他上班时多做点儿事，这样才能得到领导和同事们的信任和好感。并且上次为了爸爸能当上科长，我们家不还请了他们单位的领导吃饭了吗？后来，爸爸当上科长了，您还叮嘱我要向爸爸学习呢！"

当今的社会，大人们之间不断被"利益化"的关系，由于耳濡目染让不少孩子受到了不可避免的影响，于是他们不自觉地开始学习和效仿。就像上面事例中的世杰一样，小小年纪就学会了讨好他人和请客吃饭。而有相当一部分家长竟然都赞同这些做法，觉得孩子要想在竞争激烈的社会上立足，就得有这种会办事的"能力"。可事实上，这都是在诱导孩子学会"圆滑世故"。孩子做到这些并不意味着他们就变得成熟了，反倒给人一种人格被污染的悲哀。

孩子的学习生活本应以增长知识、学会生活的技能为主，这样才能使他们健康地成长。但如若父母向孩子的心灵过多地提供不适当的土壤，过量地倾入成人的观念和市侩风俗，就会使孩子精于人情世故。

孩子犹如一张白纸，就看父母在上面描绘些什么。如果让孩子过早地学会看脸色行事，学会怎样去讨好他人，学会"随机应变"，这只会泯灭掉孩子纯真的本性。

每一种鲜花都有属于它们的开放季节，孩子也一样。父母应注意不要让自己的世故在无意中渗透进孩子的心灵，而要进行必要的引导，让他们学会在合适的年龄、阶段说属于他们的话，做他们应该做的事，避免社会中的阴暗面和不良风气侵袭孩子的头脑，从而让他们树立起健康的人生观、价值观和世界观。

四、给孩子树立诚实的榜样

平时，我们总会听到父母们这样抱怨孩子：“你这个孩子，怎么总是说谎呀？”“这个孩子，满嘴瞎话，真让人头疼！”

孩子不诚实，总是撒谎，的确是一件让家长很担心、很着急的事。可是，我们在抱怨的同时，是否想过先从自己身上找原因呢？或许孩子的谎话连篇是受到我们大人的影响才习得的呢？

著名哲学家卢梭曾说过：“对一个人的教育，在他一生下来就开始了，他当然还不会说、不会听，但是已经在学习了，经验先于教学。父母指引的航向，往往会在相当程度上决定孩子生命的航船驶向何方。”孩子的心灵就犹如一张白纸，父母在孩子面前表现出来的一言一行、一举一动，不管是有意的还是无意的，都会成为孩子模仿和学习的对象。父母教育孩子的最好方式，首先就是以身作则、言传身教，而这也往往可以达到事半功倍的效果。因此，让孩子做到诚实守信、品行端正，父母就一定要起到表率作用，自己先做到不说谎、不欺骗。

家长的谎言是孩子说谎的动因

妈妈时常教育欢欢要做一个诚实的好孩子，不要对他人撒谎，每次欢欢像小大人似的懂事地点点头。

有一天，家里来了一位客人，是找爸爸帮忙办一件事的。可能爸爸不太愿意接管这件事，就对那个人虽表面很客气，但语气还是有些不耐烦。过了一会儿，客人走了，爸爸就忍不住向妈妈抱怨说："这个人之前就去单位找过我几次了，总是缠着我帮他办个事，可我实在是帮不上什么忙，真是够烦人的。下次他再来找我，你就说我不在好了。"

果然没过几天，那个人又来了，当妈妈从猫眼看到是他后，就让爸爸躲进了书房。来人还没跟妈妈说几句话，欢欢就径直走到那人面前说："你走吧，我爸爸说你很烦人，他不想见你！"欢欢的话顿时让妈妈和客人都很尴尬。

等客人走后，爸爸妈妈就一齐过来教训欢欢："你怎么能那么说话呢？你看你弄得大人们多难为情啊！我们平时是教育你要诚实，不要说谎话，可你也不能当着客人的面说这样的大实话啊！"

欢欢一时还是反应不过来，怎么自己说实话爸妈还批评自己呢？那以后还要不要说实话了呢？尽管欢欢不明白，可是有一点她似乎知道了：有时说谎话可以不用受到爸妈的惩罚。

后来，欢欢渐渐学会在某些事情上撒谎了。当爸妈发现后并追查原因时，才明白是之前发生的那件事给孩子带来了不良的影响。

有时，父母看似无意的言行，也会被孩子悄悄记在心里，并不加分辨地进行模仿和学习。因为孩子毕竟还没有大人们那么多的处事经验，在某些时候根本分不出事情的是非曲直、真假好坏。就像上例中的欢欢一样，爸爸的谎言及事后父母的责怪让她也学会了撒谎。欢欢爸爸的谎言只是我们平时在不得已的情况下打出的"借口"，可涉世未深的孩子们是分辨不出其中的用意的。如果欢欢的爸妈在欢欢直言不讳地说出那些天真的话后，并不是一味地责备她，而是以正确的方式引导她正视那件事，并强化她不说谎的好习惯，或许欢欢就不会学说谎了。

让孩子远离谎言，请这样做

孩子并不是一生下来就会说谎，所以如果他们有了说谎的迹象，我们一定要先查明原因，再从严格要求自己平时的一言一行做起，让孩子感同身受地体会到说谎是一种不良的行为习惯，并向父母学习以纠正自己的错误。

1. 以身作则鼓励孩子做一个诚实的人

父母应身体力行地将诚实教育充分贯穿于日常生活中，让孩子从一开始就明白说谎是一种欺骗他人，同时也是欺骗自己的不良行为。要努力做一个“言必信，行必果”的人。千万不可刚告诫孩子要诚实，随后自己就开始说谎话。

2. 不要抱怨孩子说谎

当发现孩子说谎时，不要大惊小怪，更不可抱怨甚至责骂孩子。我们首先应让自己冷静下来，找出孩子说谎的原因，看是因为我们自身的原因，还是孩子在用说谎逃避、掩盖什么，然后进行及时正确的引导。

3. 让孩子明白知错就改的道理

有时，孩子说谎，可能是因为犯了错误，怕受到责罚。这时，我们就更不应该用谴责、恐吓、批评的方式去对待孩子，这样只会让孩子更加不敢承认事情的真相。因此，我们应教育孩子勇于面对自己的错误，并让他们明白，只要能够知错就改还是好孩子。

孩子不会无缘无故地撒谎。那么，当发现孩子说谎时，家长不可掉以轻心，更不可小题大做。我们应找出孩子说谎的根源，及时教育并矫正孩子的撒谎行为，并给孩子树立一个诚实待人做事的好榜样，从而建立和培养起孩子健全的人格。

第三章
建立平等和谐的亲子关系

一、做民主的父母

二、别把孩子视为自己的私有财产

三、让孩子选择自己的成长模式

四、放手，孩子才能自立自强

一、做民主的父母

教育态度影响教育效果

父母们都有一套教育孩子的方式，那些将亲子关系处理得游刃有余的父母，其实并没有多少绝密的法宝，只是他们懂得以何种态度去教育孩子才能顺应孩子的生长天性罢了。

态度就是一种观念，一种认识。那么，父母只有做到教育观念正确，教育方法得当，才能真正地将孩子教育好。而父母教育孩子的态度，可以决定甚至改变孩子的一生。曾经有教育学家这样认为：“成功的家庭教育造就成功的孩子，失败的家庭教育造就失败的孩子。”这句话可谓是一语中的，家庭教育决定着孩子的命运，父母的教育态度对孩子的成长起着决定性的作用。

有的父母能从孩子的角度去看问题，对于出现在孩子身上的优点和缺点，都能够以一种宽容、赏识的态度去对待，并引导孩子向着健康的方向发展。在这种环境中长大的孩子，总是有着较强的自信心，也很容易走上成功的道路。可还有许多父母只是把孩子当作自己的附属品，常常以命令的口气对孩子讲话，一旦孩子犯了错误，轻则抱怨，重则非打即骂，以至于孩子与父母相处时，要么不把父母的训斥放在眼里，要么在父母的威严管教下过着如履薄冰的日子。由此可见，父母对待孩子的态度不同，就会产生不同的教育效果。

在一些细小的日常事情中，父母所持的态度，会给孩子留下深刻的印象，假如孩子自其中提炼出一种人生规则或者价值取向，这些本来很小的事情也会对孩子的生活产生久远的影响。

有许多父母不能容忍孩子身上存在的各种缺点和不足，总觉得孩子的一些表现是故意在和父母作对，所以经常训斥或打骂孩子。其实，心理学家研究发现，父母的教育态度对孩子有很大的影响，孩子就如同一张白纸，父母以什么样的态度教育孩子，孩子就会表现出什么样的行为。

在孩子的成长历程中，父母只是孩子的引路人，而非代办者或操纵者。有的父母对孩子放任不管，任其“自然发展”；有的父母什么事都要管，结果只会种瓜得豆；有的父母总是不停地唠叨数落孩子，甚至肆意打骂，将孩子教育成了“木头人”或“逆子”……此类种种不明智的做法，只会让孩子愈来愈偏离其正确的成长轨道。

周弘老师说过：没有种不好的庄稼，只有不会种庄稼的农民；没有教不好的孩子，只有不会教的父母！农民怎样对待庄稼，决定了庄稼的命运；父母对待孩子的态度，决定了孩子的命运。农民希望庄稼快快成长的心情和家长希望孩子早日成才的心情完全一样。但做法却截然不同：庄稼长势不好时，农民从未埋怨庄稼，相反总是从自己身上找原因；而我们孩子的学习差强人意时，家长更多的却是抱怨和指责，很少反思自己的过错！

并不是每位家长都能成为天才父母，但我们却可以成为天才的父母。父母不能选择孩子，却能够改变教育孩子的态度。教育态度改变了，孩子的命运或许就会产生巨大的转变。因此，我们应学着以尊重、了解、接纳和欣赏的态度去对待孩子，多站在孩子的立场上思考问题，为孩子营造一个和睦、宽容、健康的家庭环境。

排除“封建家长制度”

频频见诸媒体报道的未成年人受伤害事件中，有相当一部分缘于父母对孩子的摧残。前几年，青海的一名小学生夏斐被母亲生生打死，只是因为她没有考满分；北京的小学生王闯被母亲打成重伤送到医院抢救；浙江的高二男生徐力因忍受不了母亲那种近似疯狂的“家长制”观念将其杀死……

这些血淋淋的惨案，皆是根深蒂固的“封建家长制”惹的祸。

“子不教，父之过”的观念在中国似乎已深入人心，因而国内素有“严母”之说。而那些对孩子施以严惩的家长却众口一词，说“是为了他好”，“是因为太爱他”。

当然，天底下最爱孩子的人莫过于父母，哪个父母不愿意自己的孩子健康地成长？又有哪个父母不渴望自己的子女成才？可关键在于，我们应该运用什么样的教育方式才能使孩子健康成长。

1.“封建家长制”作风扼杀孩子的个性

方明写完作业后坐在爸爸旁边看电视。电视里演的是一个杂技节目，父子两个人都非常爱看。过了一会儿，节目结束了，爸爸想看足球比赛，可方明想看动画片《变形金刚》，两个人都不愿意妥协，于是父子间的战争就开始了。

方明迅速地跳到地上，从爸爸手中抢过了遥控器，立即将频道调到他已经很熟悉的动画节目上。爸爸觉得自己的权威受到了儿子的侵犯，一把又从方明手中夺过了遥控器，把频道换成了体育比赛节目。方明见爸爸不让他看《变形金刚》，就大声哭了起来。

过了一会儿，爸爸见方明没有停止哭的意思，非常恼怒，并觉得儿子用哭声抗议老子的行为，就应该受到惩罚。因此，爸爸起来就打方明，一边打一边把他拖到房间关起来，嘴里还大声骂道：“你这个小兔崽子，三天不打你，你就想翻天哩！”这时，方明的妈妈不但不阻拦，还附和着说：“就是，不听话就得挨打，不打不成器。”

从那以后，方明再也不敢和爸爸争着看电视了，然而在其他人面前，他也变得非常胆小、懦弱。

方明父亲这种因为一件小事就动手打孩子的做法，正是出自传统观念中的“棍棒底下出孝子”的观念。这种按父母的意愿来改变孩子行为的“封建家长制”

做法，不仅伤害了孩子的感情，也让孩子失却了自尊心和自信心，变得胆小和自卑。并且对父母形成的恐惧让他们不敢再去接近父母，更别说和父母融洽相处了，从而造成了严重的亲子隔阂。如果父母经常批评和责打孩子，对孩子的训斥多于鼓励，在这样家庭环境中长大的孩子，往往会导致孩子不敢想，不敢问，更不敢放开手去做，总是自甘平庸，对自己的未来也常怀无望悲观之心。

2. “封建家长制”态度阻碍孩子的健康成长

陈雪梅有一个上初中二年级的儿子。孩子在上小学时，不但成绩在班里数一数二。而且还非常懂事，知道体贴父母，是邻居们拿来教育孩子的好榜样。

可现在陈雪梅觉得孩子变得越来越让她头疼了，不但学习成绩一落千丈，脾气也非常暴躁。常常是陈雪梅说东，孩子偏向西。以前从不会惹她生气的儿子，现在总是为了一些小事和她吵得脸红脖子粗。家里几乎每天都是硝烟弥漫的战场。

为了能把孩子的成绩提上去，陈雪梅给孩子报了各种各样的辅导班。可一学期过去了，孩子成绩依然没有任何起色。陈雪梅气得直骂儿子：“我怎么生了你这么笨的孩子，为你花了那么多的钱，却不起一点儿作用。你整天都干吗去了？”孩子一点儿也不示弱：“嫌我笨？那你怎么不当处长、局长啊？别人的父母都是高级干部，你们呢？再说了，我变笨还不都是你给逼的？”

陈雪梅刚开始还想动手打孩子，可突然发现儿子不知何时竟长得比她还高半头，又听到儿子后来说的话，她一时愣住了。是呀，原本孩子成绩并不差，都是自己为了他能考上重点高中，不但天天逼着他一门心思地学习，强迫他去上各种补习班，对儿子的态度也不再像以前那样和颜悦色、耐心细致了。

从那以后，陈雪梅不再强迫儿子，而是事事都先和他商量，然后让孩子自己做决定。等孩子上初三时，情况有了很大的改观，不但学习成绩突飞猛进，也不再和她作对了，而且有时还把自己的心里话讲给陈雪梅听。母子两人关系变得比以前更融洽了。

从上面的例子可以看出，父母如果总是以粗暴命令的方式对待孩子，让子时常处于一种被动服从的地位，就容易使孩子形成极端的性格。就如陈雪梅的儿子一样，常常与父母顶嘴、吵架，叛逆心理十分严重，这样就会导致孩子踏入社会后也很反叛。

因此，父母使用暴力或者命令的“封建家长制”态度教育孩子，是不会得到理想的效果的。父母只有充分尊重孩子，认真聆听他们的意见与看法，并相信他们会处理好自己的事情，给他们一方自由发展的平台，营造一份平等融洽的家庭氛围，孩子才会慢慢具有自己生存的能力，才可健康快乐地成长。

建立平等的自我约束体制

缺少自我约束能力的人，很容易受到外界环境的干扰，也很难在某一方面做出杰出的成就。孩子的自我约束能力在很大程度上是通过成人的教育和引导获得的，孩子在刚出生时是完全没有自我控制和自我调节能力的，他们只是凭借一时的冲动来行事，很难长时间做一件事情。因此，父母就须从小培养孩子的自我约束能力。

有的父母为了实现给孩子充分自由的允诺，就对孩子的所有事情都放任自流，不加管制，这种归还孩子以自由的做法虽可让孩子一时体会到自主的乐趣，可不到一定的年龄，孩子毕竟还没有那么强的自我约束能力，能够做到不需大人的帮助就可处理好自己的一切事情。久而久之，一些不好的习惯就会在他们身上大肆蔓延。

因此，父母应在适当的时候和孩子一起制订一些有利于他们成长的规章制度，但应注意得到孩子的认同，明确履行这些规定的目的，然后督促他们按时完成。当然，这些都要在平等对待孩子的基础上完成，而不能以命令的态度强迫孩子，并且家长要以身作则。

1. 平等的自我约束体制有利于孩子的成长

莎莎从小就比较爱动，做什么事情都没有耐性，还经常想起什么就马上做什么，没有一点定性和规律，为此妈妈简直伤透了脑筋。

有一次，莎莎写完作业后，把自己的笔一扔，也不收拾文具和书本就跑到客厅看电视了。直到妈妈叫她吃晚饭，她仍一动不动地盯着荧屏看得津津有味。妈妈一看就来气，数落道："你这孩子，就知道看电视，跟你说过多少次了，不能看太长时间的电视，你到底听进去没有啊！"

这时妈妈又看见了莎莎书桌上乱七八糟的东西，更生气了："莎莎，不许你看了，看你桌子上的东西一团糟，快去收拾收拾！"

莎莎对妈妈的抱怨似乎已习以为常，仍然纹丝不动。

妈妈见自己的话没起任何作用，就快步走到电视机前，"啪"的一声关了电视，指着莎莎的鼻子吼道："我说的话你听见没有，快去！"

莎莎一点儿也不示弱，任性地嚷嚷："你凭什么把电视给我关了，我不去，就是不去！"

其实，在现实生活中，这样的例子并不少见。许多孩子养成一定的规律，没有形成井然有序的生活习惯，家长总想自己的孩子能从小具有这方面的良好习性，于是便用强制的方式要孩子去做到。可结果总是不尽如人意，就如上例中莎莎的妈妈一样。要让孩子加强自身的约束能力，我们就应抛弃这种强制命令式的做法，以平等的态度与孩子一起建立一套行之有效的自我约束体制，以此为依据，让孩子改掉一些不良的习惯，为他们以后的健康成长奠定良好的基础。

2. 提高孩子的自我约束力

（1）从小培养孩子的自我约束力并及时督促

父母应帮助孩子逐步学会正确评价及辨别自己的做法是否合适，也就是让他们知道什么应该做，什么不应该做。比如要培养他们按时起床、上课、做作业等良好习惯，刚开始可能会觉得困难，可只要父母督促着孩子坚持下来，时间长了，他们就可以做到不需父母的监督也能学会控制自己、约束自己。

（2）让孩子学会控制自己的情绪

有时，孩子虽明白自律的道理，可一遇到事情还是控制不住自己的情绪，容易冲动。父母可交给孩子一些恢复平静的办法，比如深呼吸、闭上眼睛想些愉快的事情、喝一杯水等。当然父母也应注意平时不要动不动就冲孩子发火或抱怨，否则你的建议就会显得苍白无力。

（3）与孩子共同制订一些自我约束规则

比如一位母亲与孩子共同约定好，每天按时起床后先刷牙洗脸，然后吃饭；放学后先写作业，再看电视，每天看电视时间不超过 1 小时；晚上做完作业后要把自己的学习用品收拾整齐放回书包里……这一套井然有序的做法，也让孩子养成了良好的生活学习习惯。

（4）和孩子一起学习、成长

有的父母为了培养孩子的学习兴趣，当孩子学习时，他们并未坐在孩子身边进行监督，而是自己也读一些有益的书籍报刊，从而给孩子创造了良好学习氛围。这种做法显然要比让孩子写作业自己却坐在客厅看电视要好。

因此，父母不能只盯着孩子身上存在的问题，而应主动改变自己的教育和态度，给孩子树立起一个好榜样，以一种平等的态度与孩子共同建立自我约束的体制，使孩子在这一过程中充分感受到父母的关爱和尊重，从而给孩子营造一个和谐温馨的成长空间。

二、别把孩子视为自己的私有财产

孩子是父母爱情的结晶，孩子是父母生命的延续，孩子是父母的希望与未来。在我国传统伦理观念中，父母通常把孩子当作自己的私有财产。《孝经》中也曾说道："身体发肤，受之父母，不敢毁伤，孝之始也。"在这种伦理观念的影响下，从古至今，在很多父母的潜意识里都认为孩子是自己的骨肉，便是自己的私有财产，父母有权力任意处置。于是出现不少父母不尊重孩子的权利，强迫孩子按父母的意愿做事做人的家教现象，造成不良后果。

印度禅修哲人克利斯那穆地在《教育与生命真谛》一书中提出这样的质问："父母是否问过自己为什么要有孩子？他们要孩子是为了延续自己的名声，继承自己的产业？他们要孩子是为了自己开心的缘故，为了满足自己情绪上的需求？如果是这样，孩子就只能是父母的欲望或怯惧心理的投射。"

家长给予了孩子生命，可是人的社会属性决定了孩子在属于父母的同时更属于社会，生命尊严的理念表明孩子在属于其父母的同时更属于他自己。孩子有其作为生命的生存权，有其生命的尊严，在人格上孩子是有个性而独立存在的人。阿拉伯诗人纪伯伦在其名著《先知·论孩子》中是这样说的："他们是借你们而来，却不是从你们而来。他们虽和你们同在，却不属于你们。"

如果父母把孩子和自己看作一体，将自己的需要强加给孩子去享用，把自己的愿望强加给孩子去实现，其结果，不但使孩子生活得不快乐，实现不了父母所设定的目标，而且会扼杀孩子的个性差异，阻碍孩子的个性发展。

孩子不可以随意打骂

妈妈在接小楠放学的路上，有一个卖棉花糖的迎面走过来。小楠看着白白的棉花糖，就拉着妈妈的手让妈妈给她买一个。可妈妈看了看说："咱不吃，街上卖的东西不卫生。"

小楠却不依不饶，非得让妈妈给她买。妈妈火了，照着她的脸上就是一个清脆的耳光，小楠疼得哭了起来。这下妈妈更生气了，拉着小楠的胳膊，在她的屁股上又狠狠地打了几巴掌。

看着哭得上气不接下气的小楠，卖棉花糖的老大爷忍不住了：“闺女，孩子那么小，你怎么下手那么重啊？”

小楠的妈妈却把眼一瞪，大声说道：“她是我的孩子，我愿意怎么打就怎么打，你管得着吗？”

老大爷也生气了，把小楠拉到自己的身边护着说：“哪有你这样当妈妈的，这样打她你就不心疼？”

谁知小楠的妈妈又一把将小楠拽过去，拖着就走，还边走边吵：“我不让她吃她就不能吃，就算不让她吃饭也是我的自由，用得着你来多管闲事！”

在日常生活中，类似的情景并不少见，对于自己的孩子，一些父母张口就骂、动手就打，似乎孩子是没有羞耻之心、不知道疼痛的植物一样。可事实上，由于有的父母认为孩子是自己生的，他们就完全属于自己，不管怎么对待他们，那都是理所应当的。这就是我们没有从内心深处去感悟孩子的心声的原因。不错，孩子是自己生的，可他们也有独立的思想和感受，他们的未来不只与父母息息相关，也与整个人类的繁衍生息休戚与共。

孩子与父母同在，却不属于父母

父母把嫣嫣当作掌上明珠。为了照顾嫣嫣，妈妈特意辞掉了工作。每天上学前，妈妈给她整理好书包；写字时，妈妈会给她削好铅笔；刷牙时，妈妈挤好牙膏；外出游玩，妈妈保驾护航……妈妈简直就像个幽灵，每时每刻都跟着嫣嫣，让她实在受不了。终于有一天，嫣嫣给妈妈留了一张字条便离家出走了。她说：“我每天像个机器似的被你操作，被你支配，我不知道我自己应该做什么，我要去为我自己而活！”

不少父母因为把孩子看成自己的私有财产，便做出两种极端的行为：或者像嫣嫣的妈妈那样过度地呵护，或者逼迫孩子按自己的意愿行事，这样都致使孩子无法健康成长。

请那些打着“为了孩子”的幌子，却完全忽视孩子的需要与自由，将自己的价值观强加给孩子的家长；那些不管孩子的兴趣与期望，利用孩子来实现自己理想的家长，放手吧，为了孩子的成长，我们需要让他们独立。

随着孩子长大，父母要分清“我要什么”和“孩子要什么”。当孩子走进大自然时，他需要的是打个滚儿、摔个跤，而不是你随时随地地保驾护航；当孩子参加某个考试时，他们希望的是你的鼓掌加油，而不是你焦急地买营养品和营造过分紧张的气氛。

三、让孩子选择自己的成长模式

面对现今竞争异常激烈的社会，父母们往往喜欢为孩子铺路搭桥，设计他的人生之路，让自己的孩子以后能出人头地。父母的这种心情本是无可厚非的，可许多父母为了孩子将来能有一个美好的前程，就提前为他们描画出一幅幅理想蓝图：孩子应该上哪所学校，应该报哪个特长班，上大学应该学什么专业等，父母都替孩子考虑得十分周全。

为了让孩子少走弯路，按照自己设计的完美人生路线走下去，大多数父母无视孩子的爱好、兴趣及理想，认为自己为孩子做的选择都是为了他们的前途着想。

当然，适时地给孩子一些学习和生活上的指导是必要的，可如果事事都干涉，把孩子管得太死，不给孩子自由发展的空间，他们可能永远也不知自己要什么，什么样的生活才是自己想过的，从而失去独立自主的生活力。

这样的做法与“替孩子生活”有什么两样呢？要知道，孩子的人生是他自己的，“替孩子生活”其实是对孩子最大的不尊重。每一个人都需要得到尊重，孩子也是如此，只有孩子的人格得到尊重，他们才能学会尊重他人。捷克教育家夸美纽斯指出：“应当像尊敬上帝一样地尊敬孩子。”父母要尊重孩子，尤其是要尊重孩子的人生目标和成长模式。

同时，独立健康的人格是孩子走向成功的基础，孩子有选择自己的前进道路的权利。就一个人的发展而言，外因固然重要，但内因才是决定性因素。孩子有自己的兴趣爱好、情绪情感、判断意志，孩子的发展离不开儿童的主体性。因此，无论家长对孩子的期望值有多高，最终还是需要孩子自己去选择他的成长模式的。

我们的选择不一定是孩子想要的

畅畅从 4 岁起，妈妈就替她报了古筝班、舞蹈班、美术班等。上小学后，畅畅的所有节假日也都被妈妈排得满满的，什么奥数班、英语口语班、速记班等，除了课间的休息时间，畅畅从来没有开开心心地玩过。

有一次，班里组织星期天去郊外踏青，可这天畅畅要去上英语口语课和舞蹈课。畅畅前一天就缠着妈妈说她非常想去踏青，让妈妈给口语班和舞蹈班的老师请一天假，可妈妈死活不同意，说那儿都交过钱了，你不去上人家也不给你补课，不是白白浪费了吗？结果那天全班只有畅畅一个人没去踏青，她别提有多难过了。

等到上高中以后，畅畅的压力就更大了，她对自己学的各种特长越来越厌恶。对学习也总是提不起兴趣，整天一副愁眉苦脸的样子，妈妈还总是抱怨她不够努力、没有上进心。

其实，妈妈让畅畅学的这些东西都是妈妈自己小时候非常喜欢的，可那时候家里非常穷，供不起她学这学那，而且她还没有上自己梦寐以求的大学就被迫退学了。所以，妈妈现在就把自己的一切希望都寄托在了畅畅的身上，希望她可以圆自己当初的梦，可结果却弄得畅畅对什么都不感兴趣。

让孩子找准自己的发展兴趣和方向，是人生很重要的一项抉择。那么，与其父母费尽心思为孩子报各种各样的培训班，在他们人生的十字路口替他们做决定，还不如尊重孩子自己的意愿，让他们自己做选择。当孩子找准了自己的人生方向，并下决心为这一目标努力奋斗时，父母就无须再为他们的未来有诸多顾虑了。

在孩子成长的过程中，确实需要父母的点拨和引导，需要父母的精心呵护，但是每个孩子都有适合自己的成长模式，因此，父母对孩子正确的选择和决定要给予支持，这个支持不是简单地说句好，也不是过于热情地越俎代庖，而是要讲究方法的，要充分考虑孩子的心理准备和接受能力的。真正的支持应该建立在对孩子的充分理解和尊重的基础之上，以孩子的发展现状为前提，然后对其进行适当的启发和引导。

错误指导倒不如无所作为

父母总是希望多为孩子做一些事，让孩子沿着自己设想的成长轨迹前进。可是我们做父母的想过没有，我们凭什么帮孩子选择未来？我们帮孩子做的决定对吗？我们给孩子设定的成长模式真的适合孩子吗？

有时，父母错误指导倒不如无所作为。我们常常听到许多学业有成或事业有成的人，他们出生在农村，父母没有什么文化，但正是父母的无所作为，给他们提供了一个顺其自然、自由开放的成长空间。而近年来，社会上也出现不少有“独特家庭教育方法”的父母，他们自己在家中按照自己希望的方式和目的单独对孩子进行教育，制订一系列的“魔鬼式训练”方案，致使孩子出现心理障碍、情感缺欠、人格扭曲等问题。

所以，父母能做的就是：不断学习，更新自己的知识；要从小就把孩子当作独立的社会人来养育，与孩子平等相处，保护孩子的自尊心；留心观察孩子的兴趣和爱好，让孩子充分发挥自己的潜力；引导孩子独立自强，自己主导自己的生活，鼓励孩子自己解决问题。

四、放手，孩子才能自立自强

有个人养了一只鹰，他对鹰关爱有加，顿顿给予饱餐，从没有让鹰自己去捕过食。后来鹰逃走了。几天后，主人在山上发现了鹰的尸体。他对鹰的死因迷惑不解，后来，他剖开鹰腹看见腹中空空才恍然大悟，原来鹰在笼中时养尊处优，竟失却了猎食的能力，活活饿死了。

在动物世界里，当幼崽长大后，妈妈会以一种看似残酷的方式将孩子赶出温暖的家，让它们自己学会飞翔、学会捕食、学会生存，这正是自然界的生存法则。很显然，这只鹰已经完全丧失了在自然界生存的本领，落得这样的下场也是情理之中的事。

而在人类中，许多父母因为过度保护孩子，把本该自由翱翔的“鹰”锁在了笼中；生活中，父母喂饭洗衣，还帮着穿衣系鞋带；上学时，父母包接包送，还帮背书包；参加户外活动时，父母替孩子准备好足够的食物、衣服和设备……这些都扼杀了孩子生存的本领。

这样的情况让我们不得不深思：我们是否扼杀了孩子做自己力所能及事情的能力？我们是否只看重孩子的学习而忽视了对其生活能力的培养？我

们是否在无意中把孩子囚禁到了一个樊笼中而阻碍了他们自立自强能力的发展？

花盆里长不出参天树，庭院里跑不出千里马。父母不可能一辈子把孩子遮在自己的羽翼下，孩子终究要长大，人生道路上的风风雨雨，都需要孩子独自面对，父母无法去替代、去承担。只有孩子经历了生活、学习上形形色色的困难磨炼，才能成就其成长过程中必不可少的顽强拼搏、宽宏大量等人生品质。所以，只有父母放手，孩子才能自立自强。

20世纪，宋氏姐妹的父母——宋耀如夫妇知道爱孩子就要为孩子的将来着想。他们主张从小培养孩子的自立自强精神，当孩子们跌跌撞撞走步的时候，父亲宋耀如就鼓励他们："跌倒了别哭，自己爬起来再走！"是父亲的放手和鼓励，使儿女们长大后都能坚强地面对人生的次次洗礼。

卡耐基说："为了成功生活，少年人必须学习自立，铲除埋伏于各处的障碍，在家庭要教养他，使他具有为人所认可的独立人格。"

我国著名教育家陈鹤琴先生曾说过："凡儿童自己能够做到的，应该让他自己做；凡儿童自己能够想的，应该让他自己去想。"这可谓是一条教子至理名言。有些事情必须让孩子亲身经历，父母的大包大揽反而会害了孩子。我们应该放手让孩子自己去做事情，即使有时做得不够好或会出现错误。我们也要尊重孩子处理事情的方式，只须委婉地加以引导就可以了，切忌训斥和指责，那样会打击孩子做事的积极性，使他产生畏难情绪。

让孩子从小学会自主自强，才能为孩子的人生奠定立足之本。父母要从点滴生活着手，慢慢培养孩子自立自强的品质。

父母要相信孩子，给他自立自强的机会。有些父母出于爱孩子，怕孩子吃苦，觉得孩子遇到的困难越少越好，于是孩子一遇到问题父母就替他们解决。其实孩子并不像我们担心的那样脆弱，他们可以做很多事情。所以，不要因为我们的溺爱，而剥夺了他们自立自强的机会和能力。

每个人的人生之路，都要靠自己去走。父母要相信孩子，让他们学着自己走路，这样他们才能顺利成长、成熟，独立于社会。

同时，父母要放手让孩子自己解决问题。生活中，父母对孩子的干涉简直无处不在。其实，只要孩子所做的事不会给他带来严重危害，对别人也不会造成损失，父母就可以放手让孩子自己去尝试、决定。我们只须给予适当的鼓励，也许孩子会做得更好，这样也更有利于孩子的成长。比如有些父母，早上出门不会给孩子准备好一天的所需，而是由他自己决定。即使孩子因为忘了带物品而遇到麻烦，也只当成是一个教训，让孩子在第二天、第三天他自己记住带上。

所以，父母要从小开始培养孩子自己解决问题的习惯，放手让孩子自己解决问题，让孩子通过一次次独立处理问题的经历而真正长大。

第四章
不做唠叨的父母

一、抛弃监督式教育

在准备教育孩子前，首先要想一想，当你不在时你的教育是否还有效。要是不肯定，尝试采用不同的教育方法。同样的内容，有时采用不同的施教方法，效果会有天壤之别。

如果孩子是为了奖励或惩罚而做的，那不是理想的教育效果。真正的教育是内化的，即无须别人监督也有效，毕竟你不能照顾孩子一生。

要让教育内化，一点也不难：采用更多间接指导，减少直接命令。我有一个朋友的女儿从来不喜欢吃青菜，怎么说都没有用，直到上幼儿园。那所幼儿园制作了一张以孩子为主角的光盘，里面的小孩子用故事及话剧说明一些行为习惯，其中一项就是孩子要吃青菜。结果小姑娘看完后立即主动吃青菜。因为同辈之间的教育效果比长辈的教育效果更好。

记住：教育，是要培养当父母及老师都不在时仍然有效的行为习惯，否则那就不是教育，是看守所“狱警”。

一位老师在一节课内，把水果，有苹果、橙子、木瓜、西瓜等，都展示给孩子，告诉孩子这些水果的名称。

另一位老师只准备了苹果。她首先把苹果藏在一个布袋里，让孩子伸手进去摸，把摸到的感觉和从前的经验比较。然后老师让孩子闭上眼睛，让孩子用鼻子嗅，要他们感受这些味道，想想令他们记忆起什么情景。最后老师让孩子用嘴巴品尝，说出他们的感觉。活动结束前最后一个环节是让孩子把对苹果的感受画下来。

第一位老师教了许多内容，孩子好像学会了许多新知识，但是这些知识和过去的经验没有很多的联系，而且教授每一种水果都是采用同一种方法，没有培养孩子多元的学习方法。

第二位老师建立了孩子对苹果的丰富经验，这些经验使苹果对孩子产生了意义。因为新的经验是和过去的经验结合，于是孩子立刻能够运用这些新经验解决问题或者学习另一些知识。同时在每一个环节中，孩子学习到不同的学习方法。结果，他的学习能力、理解能力就比第一位老师教的孩子高。

教育是让孩子举一反三、掌握学习方法，而不是只懂得标准答案。

二、不可只重视教育结果

你有没有想过：为什么让孩子上兴趣班？

大部分孩子学了钢琴也不会以此谋生，学了武术也不会成为李连杰，所以学习这些才艺的价值更多的是在过程中的体验。父母要关心的不应该只是孩子的成绩，更应该关心孩子学习过程中的收获，例如快乐的学习经验让孩子爱上学习，被鼓励的经验让孩子更坚毅，成功的经验让孩子自信。

父母不要只关注孩子的学习结果，而应多关注过程。例如你可以尝试问：“你今天学习开心吗？学习过程有没有克服困难？”以及诸如此类的问题。这样孩子也会关注到学习的过程。父母的关注点就是孩子的关注点。价值观也是在这样的点点滴滴中建立的！

在幼儿期，施教过程往往比教育结果更重要！

三、孩子不一定明白你的意思

许多时候，父母只用语言来教育孩子，但是用语言教育孩子不会有很好的效果。孩子的语言经验不多，不明白语言背后的意思。

有一次，我在幼儿园看到一个孩子在洗手间很仔细地洗手，老师探头进来说："某某，你又在玩水了！"老师的意思是要他不要玩水，但孩子只听到两个字"玩水"，他不了解老师说话背后的意思，反而受到了这两个字的提醒，结果他的反应是开始玩水。这个例子提醒家长，不要只用语言来教育孩子。

教育 5 岁前的孩子最好是用实景说明，然后和孩子一起做一次。教育首先要做的事是肯定孩子明白你的意思。

教育界有这样几句话：你告诉我，我会忘记。你示范给我看，我会稍微记得。你和我做一遍，我会永远记着。

要孩子明白你的意思或要求，最好是和孩子一起做一次。

四、不要对孩子唠叨不休

唠叨是父母对孩子爱的一种体现，本也无可厚非，但是对于心理尚不成熟的孩子来说，这种唠叨有时会成为一种精神的负累，影响他的人生发展。

静瑶是家里的独生女，父母对她生活的任何方面都关怀备至。每天早晨，妈妈早早地起床，然后一遍又一遍地催女儿起床。许久之后，静瑶才懒洋洋地从床上爬起来，一脸不高兴的样子。

妈妈的唠叨便开始了："你看看你，只知道睡懒觉。早晨空气这么清新，起床读读英语，写写单词什么的，不比你躺床上强啊……"

对此，静瑶十分反感，但是却不反驳，因为她知道如果不反驳，妈妈说一会儿就会停止了，但如果她反驳，妈妈就会一直没完没了地说。

吃饭的时候，妈妈也不忘记唠叨："你年龄还小，要多吃点饭，这样才能有个好身体。不要学外面那些女孩子，成天不吃饭，去减肥，这样很容易把身体弄垮……"

"常回家看看，回家看看……"这首脍炙人口的《常回家看看》，提到"妈妈的唠叨"时，充满了温馨与情意。的确，当孩子们长大了之后，"妈妈的唠叨"就成为了记忆中最温暖的回忆，是母爱的体现。但是对于心智尚不成熟的孩子来说，他们往往难以理解父母无休止的唠叨，甚至会因此而疏远父母，远离家庭。

但是在家庭教育中，父母不断地叮嘱、提醒、督促孩子，对孩子唠叨不休的现象却是屡见不鲜的。有些父母，把全部的心思和精力都放在孩子生活身上，担心孩子这不懂，那不会，同样的叮咛总是一遍一遍不断重复，让孩子不胜其烦；有些父母，对孩子错误的行为反复不断地进行批评教育，导致孩子对自己失去信心，引起孩子的自卑情绪。

一般来说，父母的唠叨都是一些机械的、重复的陈词滥调，反复多次说类似的话，就像一只苍蝇整天盘旋在孩子的耳边，一直发出"嗡嗡"的声音，令孩子耳朵都"磨"出了老茧，身心都不胜其烦，这样势必影响孩子学习和生活的状态。另外，有些父母的唠叨直指孩子的缺陷和弱点，没完没了地对他们进行数落，甚至冷嘲热讽，即使父母是好心，也会让孩子觉得自尊心受到伤害。于是，父母的唠叨不休，往往使孩子产生强烈的逆反心理，以沉默不语，或针锋相对来对抗父母，导致亲子关系的恶化。

心理学的研究表明，老调重弹，多次说相同或者类似的话，容易让孩子产生一种习惯性的模糊听觉，即孩子表面在听，但是常常不把父母的话放心里去，左耳进，右耳出。这样的话，父母的唠叨不休除了恶化双方的关系、浪费口水外，还能有什么效果呢？

父母的确肩负着对孩子不当言行进行教育的责任，也应该多关心孩子的生活，但是这种没完没了的唠叨，并不是合适的教育方式。这是父母应该认识到的。

父母的唠叨，句句都充满了对孩子的关爱，但是如何才能让孩子体会到这份爱，并朝着父母指引的方向发展，其中大有学问。

1. 只做必要的叮嘱

作为父母，将孩子放任不管是不负责任的，但是管得过多又成了唠叨。因此，父母应该控制自己过度的关心，只对孩子做必要的叮嘱。

云泽是个正在读小学六年级的孩子，由于小升初考试临近，他不得不挑灯夜读到很晚。妈妈很为孩子的懂事、勤奋所感动，每天也默默地坐在自己房间，陪他到深夜。

等到八九点钟的时候，妈妈担心孩子饿了，便会给他做一些吃的，端到他桌边，然后轻轻叮嘱一声：“别只顾着学习，吃点东西，休息一会儿。”然后，她又回到自己房间。

“物以稀为贵”，叮嘱也是如此。因此，在家庭教育中，父母不应该过多地叮嘱，例如叫孩子起床，叫一次两次就行了，不要持续不断地叫；还有叮嘱孩子带饭，多穿衣服等，叮嘱一两次就可以了，如果孩子忘记了，就让他自己承担后果。

2. 培养自己的兴趣爱好

父母的生活中，除了担任家长的角色，还应该有自己的生活，有自己的事情可以做。当父母忙于应付其他事情时，当然不会一味对孩子唠叨个没完了。

欣妍是家里唯一的孩子。妈妈是全职家庭妇女，主要任务就是照顾女儿。因此，刚开始时，她对女儿的一举一动、一言一行都关注备至，继而唠叨不休，久而久之，欣妍都不愿意理她了。

经过一番反思后，妈妈决定改变一下自己，报名参加了一个瑜伽练习班。这样，她的生活里便不再只有女儿了，因此也就不再没完没了地唠叨。欣妍非常高兴，慢慢地又与妈妈亲近起来了。

父母，尤其是全职爸爸或者全职妈妈，应该适当将视线从孩子身上转移开来，做些自己的事情，例如与朋友聚会、参加定期的兴趣培训班等，让自己的生活更充实。

3. 多指导，少唠叨

父母的唠叨往往含着命令、责怪，因此常让孩子觉得厌烦，但是对孩子指导却与之不同，它常常能引发孩子的思考，给孩子自由选择的权利，更能使孩子接受。因此，父母在教育孩子时，应该多指导、少唠叨。

哲文很少收拾自己的房间，即使妈妈再怎么唠叨，他也从来不会动手收拾一下，甚至故意把房间弄得很脏。

有一次，妈妈又唠叨他了：“哲文，把你房间收拾一下吧，脏得跟猪窝一样。”哲文竟然反驳道：“又没要你住，也没让你收拾。”

儿子的话让妈妈很难过。过了一会儿后，妈妈有些无奈地说道：“那么，如果你有时间就收拾一下吧。”没想到，这次哲文居然点了点头。

当父母想要唠叨和命令孩子之前，可以先想想有没有更好的方式来表达自己的意思，并且让孩子接受。例如将“快点起床吃早餐”改为“现在起床，你还有吃早餐的时间。要不然，就没时间了”。

4. 不要盯着孩子的缺点

唠叨不休的父母，往往是发现了孩子的缺点，觉得有责任让孩子改正，于是便开始无休止地唠叨。因此，想避免不必要的唠叨，父母就不要总盯着孩子的缺点不放。

父母在平时的生活中，不要总是用“你怎么这么不爱干净啊？”“你什么时候才能学会按时起床啊？”“你能不能努力一点啊？”时刻对孩子“鸡蛋里挑骨头”，对孩子来说是一种负担，且不会产生任何良好的效果。

聪明的父母，要学会激励和激发孩子积极向上的天性，以赞扬点击孩子的缺点。

第五章
父母要教会孩子的事情

一、心平气和地面对生活

二、不能丢的君子礼仪

三、父亲的榜样力量

四、那些父亲要教孩子的事情

一、心平气和地面对生活

面对生活“忍”的艺术

人要有力量才不会被打倒，其中最主要的力量就是忍耐。一忍足当百勇，忍耐一时一人一言，不影响自己的情绪，当然不会轻易被人打倒。要成就一件事情，须观察时机，等待机会，这往往是急不来的。忍耐正是这种等待、观察。

在世间行走，忍耐很重要。任何一个人不可能总是事事如意，有些事情可能怎么也无法解决，所以你只有忍耐！动辄发泄暴怒的人虽然可以疏解一时的心理压力，但从长远来看，他会断送自己的前程。人的一生，犹如潮水，时涨时落。涨时我们要戒骄戒躁，不要得意忘形；落时我们要充满自信，坚定如一。人的成功，很多时候都源于忍耐。很多成功者往往在忍耐多次失败之后，愈挫愈勇，最后取得成功。与其幻想一蹴而就，一夜成名，不如在艰难困苦当中忍耐，伺机而动，一旦时机成熟，必然会水到渠成。

“天将降大任于斯人也，必先苦其心志，劳其筋骨，饿其体肤，空乏其身，行拂乱其所为，所以动心忍性，增益其所不能。”忍耐大多数时候是痛苦的，它压抑我们内心的表达。但是，成功往往就是在忍耐了常人无法承受的痛苦之后，才出现在你面前。千万不要在只差那么一点点的时候放弃。

有一位年轻人大学毕业后被分配到海上油田的钻井队工作。工作的第一天，队长要求他去完成一个任务——在限定的时间内，登上几十米高的钻井架，把一个包装好的盒子拿给在井架顶层的主管。队长一声令下，年轻人抱着盒子，快步登上狭窄的舷梯，当他满头大汗地登上顶层，气喘吁吁地把盒子交给主管时，主管什么都没说，只在盒子上签下自己的名字，就摆手让他回去。于是，他又快步走下舷梯，把盒子交给队长，而队长同样在盒子上签下自己的名字，让他再次送上去。

年轻人看了看队长，犹豫了片刻，转身登上了舷梯。当他第二次登上井架顶层时，已经浑身是汗，两条腿抖得非常厉害。而主管和上次一样，在盒子上签下名字，就让他把盒子送下去。年轻人擦了擦脸上的汗水，转身走下舷梯，把盒子送下来，可是，队长也和上次一样，签完字以后还是让他送上去。

年轻人开始感到愤怒，但他尽力忍着不发作出来，他擦了擦汗，抬头看看那已经爬了两次的舷梯，深吸一口气，抱起盒子，开始了步履艰难的爬行。当他第三次上到顶层时，早已筋疲力尽，浑身再次被汗水浸透。他又一次把盒子递给主管，这时主管终于开口说话，叫年轻人把盒子打开。年轻人急切地撕开盒子外面的包装纸，心想终于可以看看里面是什么宝贝了。盒子打开了，里面静静地躺着两个玻璃罐，一罐是咖啡，另一罐是咖啡伴侣。主管对他说："把咖啡冲上。"年轻人终于无法克制心中的怒火，愤怒地把盒子扔在地上，说："我不干了。"说完，他看看散落一地的碎玻璃和咖啡，顿时痛快了许多，刚才积蓄的怒气全部发泄了出来。

这时，主管站起身来，直视他说："是的，你可以走了。我们在海上作业，随时会遇到危险，这就要求队员们有极强的承受力和忍耐力，承受各种压力和考验，只有这样才能成功地完成海上作业任务。很可惜，前面三次你都通过了，就差最后一点点，你没有机会喝到自己冲的咖啡，现在你可以走了。"

忍耐的过程是痛苦的，但它逐渐给你带来成功。马拉松赛跑的选手要靠忍耐力才能到达终点，攀登山岩的选手要靠忍耐力才能登上高峰。无论任何竞赛，除了靠智能、武器来取胜以外，忍耐力才是打败别人的主要力量。因此，当你身处困境、遭遇挫折时，想一想你的重大目标吧！为了实现目标，一切都可以忍！

忍耐是一个人修养的表现。“必有容，德乃大；必有忍，事乃济。”能包容一切，方能成就美德；能忍耐一切，方能成就事业。一个人如果胸怀坦荡，无所不包、无所不容，那就无事不成、无功不就了。正所谓大肚能容、忍辱负重，这样的人不是窝囊废，相反他是一个成大功、立大业的强者！我国古代的豪杰人物，大都有超越常人的忍耐功夫。

人生就像一场拳击比赛，当我们收拳头时，并不是放弃比赛，而是在积蓄力量，让之后打出去的拳头更加具有威力。人生不可能总是顺境，很多时候我们要学会忍耐，让它带给我们力量、机会、和平与宁静。只要学会忍耐生活中的苦难，不断努力，总有一天，你会像金子一样“发光”。记住，没人能把你打败，忍耐是你最大的力量。

面对生活心平气和

有这样一副对联，相信你肯定见过：“宠辱不惊，看庭前花开花落；去留无意，望天空云卷云舒。”寥寥数语，道出了人生的真谛——做人贵在有一颗平常心。

平常心是一种从容淡定的心境，是一种温和的处世态度和通达的人生观。它看似中庸，实则雍容、大度。

人的一生有成功，也有失败；有开心，也有失落。如果我们把生活中的起起落落看得太重，那么生活对于我们来说就是负担。因此，一颗平常心，是人生必不可少的调剂品。平常心是一种“常态”，一种贯穿人生的处世哲学，是每个人都可持有的。但持有一颗平常心是有条件的，它既需要崇高的思想境界和睿智的人生思考，又需要保持自我的真性，不陷于贪欲和争斗中，一切尽力而为，又顺其自然。由此看来，平常心内涵博大精深，看似“平常”，其实并不寻常；而且说起来容易，做起来难。但是一旦拥有平常心，领悟了它的内涵，就可以从中获取无限的欢乐与满足，做一个幸福的人。

对于富贵、贫穷、荣辱、苦乐等生活附加物，淡然处之，一笑置之，才能得到解脱。

用勤奋耕耘人生

成就与汗水从来都是分不开的。勤奋对人的成就功不可没，它是打开成功之门的钥匙。勤奋靠的是毅力，持之以恒，永不停息，成就的获得绝非一朝一夕之事。然而在现实生活中，很多人只看到了别人的辉煌、风光与财富，殊不知在其背后，有多少努力的汗水和勤奋的心血。一个人要想赢得荣誉的桂冠，享受成功的喜悦，只有靠自己去努力争取。勤奋为的是自己，为的是在与命运的斗争中完善自己，成就自己，为的是实现自己的理想，证明自己的价值。勤奋能锤炼人的优秀品质，培养人的杰出才能，激发人的超凡智慧。

诸葛亮在少年时代师从于水镜先生司马徽，诸葛亮学习刻苦、勤于动脑，不仅得到先生司马徽的器重，连司马徽的妻子对他也很赏识。在那个时代，钟表还没有发明出来，人们记录时间用的是日晷。然而，一旦遇到阴雨天没有太阳，时间就不好掌握了。司马徽为了确定时间，定时喂家里的公鸡吃食，训练它按时鸣叫，以便提醒人下课。好学的诸葛亮希望学到更多的东西，想方设法让先生把上课的时间延长一些，但先生总以鸡叫为准。

一天，诸葛亮又看到先生喂公鸡吃食，他想：若把公鸡鸣叫的时间延后，先生讲课的时间也就延长了，这样就能多学一些知识。于是第二天诸葛亮去上学的时候，在口袋里装了一些粮食，估计鸡快叫的时候，他就喂它一点粮食，鸡一吃饱就不叫了。

就这样，过去了一上午，司马先生感到奇怪，为什么鸡不按时叫了呢？经过细心观察，他发现原来诸葛亮在鸡快叫时偷偷地给鸡喂食。先生很是恼怒，把诸葛亮叫到身边，诸葛亮老实交代了原因，先生被诸葛亮的好学精神所感动。因此在以后的教学过程中对他更加关心和器重，把自己所知的一切都传授给了他。诸葛亮通过自己的努力，最终成为了一个上知天文，下知地理的战略家、军事家。

科学家爱因斯坦曾立下一个著名的成功公式：勤奋努力 + 正确方法 + 讲究效率 = 成功。在他看来，勤奋是成功的首要因素。任何人想要取得成功，都必须勤奋，天才也不例外。那些自认没有天赋的人不要悲观丧气，要相信“一分耕耘，一分收获”。而那些聪明的“天才”，也不要在夸耀称赞声中迷失自我，骄傲膨胀，要明白“勤能补拙是良训，一分辛劳一分才”。只要付出勤奋的劳动，一定会有成果。

一家研究机构曾进行过这样一项调查，题目是：“你这一生最后悔的是什么？”调查对象是一群 70 多岁的老人。调查结果中 77% 的老人选择的是“年轻时不够努力，以致现在没有多少成就感”。而选择其他例如“没有挣到更多的钱”和“错过了美好的爱情”的人还不到 10%。这个数字表明，很多人一生最怕的是一事无成，我们都希望自己有所作为。通过这个调查我们可以看到人生的真谛在于努力去实现自己的理想。

生活中没有人不想有所作为，而成功与否牵涉到一个有趣的“8020 定律”，这条定律具体指的是 80% 与 20% 在生活中的奇特关系：

经济学家说：“在经济上，20% 的人占有 80% 的财富”；

社会学家说：“在管理上，20% 的人支配着 80% 的社会权力”；

心理学家说：“在创新上，20% 的人拥有 80% 的智慧与灵感”。

不难得出，上面的调查中有 77% 的老人觉得一生没有多少成就感，是因为成功被另外的 20% 的人抢去了。成功与否的问题就在于：你是否属于那 20%。

有人会从宿命论的角度给自己找理由：“唉，我没有天分，我不是天才，很多事情我做不来，还是算了吧。”这样消极的话语不知从多少人口中说出来，并因此不去努力，于是天才头顶的光环更加闪耀，更加惹人羡慕。那 20% 的人真是天才吗？天才就真能够轻而易举取得成功吗？

作家葛拉威尔在《异数》一书中指出："人们眼中的天才之所以卓越非凡，并非天资超人一等，而是付出了持续不断的努力。只要经过1万小时的锤炼，任何人都能从平凡变成超凡。"他将此称为"1万小时定律"。

亲爱的孩子，如果你在70岁之后不想成为那77%中的一员，你就必须在70岁之前做到20%的人做的事：把勤奋作为一种生活习惯。如果你想有所作为，那好，请找准自己的目标，从现在起拿出1万个小时，认认真真，勤勤恳恳，踏踏实实地努力，因为天才出于勤奋，成功来自勤奋！

二、不能丢的君子礼仪

君子礼仪不能丢

认识甜甜爸爸的人，都说他是个文质彬彬的人，的确如此，他在外面对谦和有礼貌。可是你别让他回家看足球节目，他要是看起足球来，那就不是了。他会因为踢进一个球从沙发上手舞足蹈，也会为一次臭脚粗俗地骂娘。

开始时，我并没有太计较他这个，心想人有个发泄的方式也不错。可是后来发生的一件事改变了我的看法，让我觉得有必要强调在家里也要文明礼仪了。那天我带甜甜出门去玩，远远地看到两个社会青年在打架，一个把另一按到地上，拳头巴掌使劲打。很多人围着看，没有人上去制止。我正要带甜甜离开，她突然来了一句："他娘的，太凶了！"我吃惊地看着她，她什么时候学会骂人了？甜甜不服气地说："爸爸不是也这样说过吗。"

我带着甜甜离开了，在路上告诉她："文明礼仪在什么时候都不能丢。即使是面对丑陋或者不公平的事时，我们可以用客观的语言表达观点和愤怒，尽量不要使用粗俗的语言，如果使用了，那等于我们和他们一样丑陋了。”“爸在家里骂人你怎么不说他？”“爸爸是做得不对，我回去就批评他，他以后再说脏话我们就教训他。”我说。

回到家里，老公正在看足球，我正要开口说话，他突然又对着电视来了句国骂。我终于忍无可忍。上去“啪”一下子关了电视，我说：“你有完没完？骂得那么难听，家里还有孩子呢。”他正在兴头上，把我往旁边一拨拉，又开了电视。我一个趔趄，差点摔倒。我不干了，拿出孙二娘的架势，关了电视，叉着腰，对他怒目而视！

他赶紧给我说好话，央求我打开电视。见我不为所动，他拉过甜甜贿赂她说：“甜甜，你去说服妈妈开电视，我给你买漫画书。”“开电视可以，但你得保证不说脏话！你是不讲文明礼仪的坏爸爸！”甜甜也学我叉着腰。

我放下胳膊，耐着性子跟老公说：“你看到了吧，我叉腰孩子都能跟着学，你骂人她也学会了，刚才她在街里还骂呢，被我教育了一路，回来你又开骂了。别以为是在家里，就可以粗俗，在哪里都要讲究文明礼仪。”老公不好意思地“嘿嘿”笑了，拉过甜甜说：“以后爸爸的优点你可以学，缺点就不要学了。”甜甜一撇嘴：“谁知道你哪是优点哪是缺点？”这一下，连我都无言了，是啊，孩子还没有分辨是非的能力，父母的每一个举动，都会使她受到影响。

老公保证再也不说脏话了。我定了个规矩，全家人说话做事都要讲文明守礼仪，互相监督。甜甜还在一张卡片上画了我们三个人的头像，谁犯规一次，就在他的头像下画个差杠，一个月内没有差杠的在头像下画朵小红花。开始时，我们都得过差杠，后来都变成了小红花。

我还让家人彼此之间说说“谢谢”“对不起”“请”等这些礼貌用语。很多人觉得亲人间没这个必要，觉得太烦琐、太麻烦了。其实并不是这样，亲人之间也需要尊重、需要谦让、需要互谅，这不但能让家人相敬如宾宽松和谐，也会让文明礼仪成为一个人所具备的优秀品质。

渐渐的，甜甜成了一个特别懂礼貌的孩子，有人来家里做客，她也知道向客人使用礼貌用语了，客人都夸她懂事，夸我们会教育。每当此时，我们全家人就会会心一笑，为全家人认真执行的举措感到自豪。

著名文学家歌德说："一个人的礼貌就是一面照出他的肖像的镜子。"的确，人们总是根据你的言谈举止评价你，进而与你交际。谁都不愿意和一个满口脏话、行为粗鲁、不懂得尊重别人的人做朋友。文明礼仪是一个人立足于社会、立足于家庭的基础，是建立和谐人际关系的重要内容，需要持之以恒。只有言行一致、内外如一，才能养成文明礼仪的习惯，成为有气质、有风度、有教养的现代文明人。

保持虚怀若谷的君子风范

谦虚的词义指不自满，肯接受批评，并虚心向人请教。人生在世，精力有限，智慧无限。这就注定任何一个人想要学贯古今、识穷天下是不可能的，也就是说任何一个人都存在无知和不足之处。那么谦虚就应该是人们的一种共同心态，人人都要谦虚。事实上，有真才实学的人往往虚怀若谷，谦虚谨慎。而不学无术、一知半解的人，却常骄傲自大，自以为是，好为人师，这些人往往认识不到自己的不足。这就使谦虚显得弥足珍贵，成为一种美德。

谦虚是人进取和成功的必要前提。谦虚者可以包容他人、善待他人，懂得学习，吸取他人有益的经验，提高自己。一个常怀谦虚之心的人，会多一分求知，少一分自满；会多一分警醒，少一分陶醉；会多一分合作，少一分孤立。能够做到谦虚的前提是自知，要知己所能、知己所不能，知己所长、知己所短，坦然承认自己的无知和不足，精益求精地改进。正确地看待自己、尊重自己，同时正确地看待他人、尊重他人，这样才能发现他人的长处和优点。而骄傲自满的人，往往不能自知，浅薄愚昧，不懂装懂，不主动提高自我，甚至自暴自弃。

做一个谦虚的人，要保持一颗平常心，无论是身高权重还是地位卑微，无论是名家大师还是初学少年，都要有一颗平静的心。正所谓“尺有所短、寸有所长”，没有人能在每一个方面都超过别人。

一位世界一流的小提琴演奏家在指导学生时，从来不说话。他总是在学生拉完一曲之后，把那首曲子再拉一遍，让学生从倾听差异中得到教诲。在他看来，身教胜于言传，因为“琴声是最好的教育，”他如是说。一次一个学生演奏一首短曲，他很有天赋，把这首短曲演奏得出神入化、淋漓尽致。等这个学生演奏完毕，大师照例拿着小提琴走上了台。但是这一次，他把琴放在肩上，却久久没有演奏。他站在台上，沉默了很长一段时间，然后，他把琴从肩上又拿了下来，深深地叹了口气，走下台去。

众人惊慌失措，不明白发生了什么事。于是这位大师重新走上台微笑着对大家说：“你们也都听到了，他拉得实在是太好了，我没有资格指导他。最起码刚才的那首曲子，我自愧不如，如果我再拉一遍，那对他只能是一种误导。”

全场静默片刻，然后爆发雷鸣般的掌声。

久负盛名的大师并不害怕自己的学生超过自己，也不担心在大庭广众之下夸奖学生的高超会降低自己的威信。他在拥有超凡琴艺和一流师名的同时，也依然拥有宽大的胸怀和可贵的谦逊，这才是真正的大师。因为他深知——自负是对艺术的毁灭。正如泰戈尔所说：“当我们大为谦卑的时候，便是我们最近于伟大的时候。”由此看来，谦虚谨慎永远是一个人成功的前提和基础。

美国著名领袖富兰克林在年轻的时候，非常傲慢自大，言行举止简直是不可一世。他无论何时何地都显得嚣张无理，咄咄逼人。他之所以会成为这样，是因为他的父亲对他太娇惯、纵容，从来都不对他的这种行为训斥教育。

不过他父亲的一位好朋友实在看不下去了，有一天，这位好朋友把富兰克林叫到面前，温和地对他说：“富兰克林，你想想看，你不肯尊重别人，不愿意听他们说话，事事都自以为是，试想你以后会怎么样呢？他们这样受了你几次难堪之后，还会愿意再见到你吗？还会愿意再听你傲慢的言论，看你无理的行为吗？他们会远远地躲着你，你的朋友们也会远离你，免得再受你一肚子的冤枉气。再说了，你现在所知道的事情才那么一点点、那么有限，这样下去是不行的。”

听了父亲朋友的一番教导之后富兰克林大受启发，他认识到自己过去所犯的错误，决定从此痛改前非，处事待人时处处都改用尊重的态度，言行也变得谦恭温和了，时时慎防有损别人的尊严。不久后，他便从一个被人讨厌、拒绝交往的自负者，变成了一个到处受人欢迎和爱戴的人际交往高手。

如果富兰克林没有接受他人的意见改变自己骄傲自大的毛病，仍然一意孤行，说话没大没小，不把别人放在眼里，后果将不堪设想。正是因为他学会谦虚、学会尊重才拥有了丰富的人际关系资源，成为美国一位伟大的领袖。一个人要想洞察世事，练达人情，就必须时刻谦虚谨慎，低头做事，低调做人。

骄傲自满是一个人不能够超越自己的最大障碍。这好比一个杯子，空的时候可以盛进一些东西，这时它是有用的，但如果装满了水，它就不能再装其他的东西了，这时它是无用的。而人生正如杯子，只有谦逊、虚心，才能不断地学习进取装满自己的杯子。如果自认杯子已满，就不可能再装下其他的东西，也不可能学到更新更好的东西了，这样别人在装下你装不下的东西时就超过了你，你就落后了。正所谓“满招损，谦受益”。

孩子，学习做一个谦虚的人，持有一颗坦荡的心，持有一颗进取的心。不因自己的长处而骄傲自满，不因自己的短处而自卑气馁；也不因别人的优点而妒忌、更不因别人的不足而嘲笑。学海无涯，人生旅途中，只有不断自我超越，自身的价值才会不断提升，生活才会更加充实、快乐。请记住，谦虚，不仅仅是一种美德，更是一股推动人类进步的伟大力量。

学会换位思考

古往今来，从孔子的“己所不欲，勿施于人”到《圣经·马太福音》的“你们愿意别人怎样待你，你们也要怎样待人”，不同地域、不同种族、不同文化的人，说着同样的话：换位思考。换位思考，顾名思义，是站在别人的位置和立场思考，也就是将心比心，设身处地为对方着想。换位思考是人和人之间的一种心理体验过程，它要求我们将自己的情感体验和思维方式与对方联系起来，站在对方的立场上思考问题，想对方所想，与对方的内心世界进行沟通，从而达成理解。换位思考以理解至上，是处理人际关系的良好方式。换位思考既是一种思考，更是一种关爱！作为一种不可缺少的心理机制，换位思考能够使人与人之间的理解和信任不再那么艰难。换位思考是人与人之间交往的基础，是人与人之间互相包容、相互忍耐的有力武器。

创建了著名的松下电器公司的松下幸之助先生总结出一条成功的人生经验：站在对方的立场看问题。人与人之间的交往沟通，总有许多分歧、误解。而松下幸之助总希望缩短双方沟通的时间，以便提高效率，实现目标。可是有什么办法能让双方达成共识，建立合作关系，同时又不浪费掉大量时间呢？经过多次的与人沟通，松下发觉："如果我站在对方的立场看问题，就可以知道他们在想什么、想得到什么、不想失去什么了。"这个看似简单的道理，给松下带来了一笔笔订单的同时，也让他明白换位思考的重要性，所需要做的仅仅是转变一下观念，学会站在对方的立场看问题。松下立刻获得了一种秘诀——学会站在他人的立场上，与他人形成默契的合作，这个秘诀也给他带来了成功。

换位思考喜欢"不走寻常路"，它不采用人们通常思考问题的思路，而是从对立的、相反的方面去思考问题，反其道而行之。然而，我们一直生活在惯性思维里，比较熟悉传统的思维方式，愿意照着习惯去思考事情，所以换位思考往往被忽略和雪藏。尽管这种方法看起来很荒唐很奇怪，但它实际上是一种非常有效的技巧，往往能够出奇制胜，获得意想不到的效果。

1877 年 8 月的一天，美国大发明家爱迪生正在用一根针检测传话膜的震动情况，以便调试电话送话器的清晰度，这时，他意外地发现了一个现象：但凡手里的针接触到传话膜，随着话筒里传来声音的强弱变化，这个传话膜就会产生一种规律的颤动。这个奇特的现象引起了他的思考。他想：如果倒过来的话，使针发生同样的颤动，那不就可以将话筒里的声音复原下来，不就可以把人的声音储存起来吗？

循着这一思路，爱迪生开始做试验。经过几天几夜的苦战，他终于完成了自己的设想，完成了留声机的设计。他为人类再一次发明了新的东西。几天后，爱迪生将设计好的图纸交给机械师克鲁西后，两人经过仔细讨论研究，最终一台结构简单的留声机制造出来了。

许多时候，我们需要换位思考。因为立场不同，所处环境不同，经历不同，人与人之间很难了解彼此的感受。前面我们说道，换位思考的实质就是设身处地为他人着想，即想人所想，理解至上。与人相处少不了谅解对方，谅解是理解的一个方面，是一种宽容。在他人失意时、受到伤害时，或遇到挫折时，我们应该以一颗宽容的心去了解、关心他人，进行换位思考。

一头猪、一头绵羊和一头奶牛同时被主人关在一个畜栏里。有一天，主人将猪从畜栏里提了出去，只听这头猪大声号叫，强烈地反抗。畜栏里的绵羊和奶牛听到它的号叫，十分厌恶，抱怨道："我们俩也经常被主人捉去，哪里像你这样大呼小叫的？"那头猪依然在拼命挣扎，听到绵羊和奶牛的抱怨，回应道："你们不知道捉你们和捉我完全是两回事，他捉你们，只是为了要你们的毛和乳汁；可是他一旦捉住我，要的就是我的命啊！"

正是因为绵羊和奶牛不了解猪的命运，才造成误解，对它抱怨。在现代社会中，也有这样的抱怨与误解。因此，换位思考还告诉我们：不要将自己赞同的观点或喜欢做的事强加到对方身上。要知道人各有志，每个人都是不同的。虽然你的出发点是好的，可是由于对方的拒绝、抵触心理，而会使他感到不开心。正所谓"己所不欲，勿施于人"。凡事不要强迫别人，遇到问题学着换位思考。这样，你会更好地理解别人，也能减轻彼此的思想负担，双方才能正确地面对问题，解决问题，才能够轻松融洽地面对生活。

我们每一个人都会有被伤害、被误解的时候，如果对此耿耿于怀，心中永远都会有疙瘩。如果我们能深入体察对方的内心世界，试着了解情况，理解他人的处境；对别人多一点谅解，多一点爱护，多一点体贴，多一点宽容，你会发现，与人交往变得越来越轻松自如，朋友会越来越多。

三、父亲的榜样力量

对于子女来说，父亲的地位无可取代。父爱是孩子幸福感和安全感的重要来源，各个年龄的孩子，都有一种内在的与父亲心灵相通的需要，父亲的关爱与呵护，是孩子成长必需的养分。

父教决定着孩子的性格塑造和品德养成。《三字经》中说："养不教，父之过。"父亲担负着对孩子精神教育和社会教育的责任，这将决定孩子的一生。节制、勤勉、诚恳、认真、忍耐、谦逊、宽容这些美德习惯，是一个人获得成功必备的条件，父亲在孩子孩童时代就应该培养他们这些品质。父亲是子女的榜样，父亲的行为和举止将深刻影响孩子的行为和处世方式。如果父亲为人诚实可信、关爱帮助他人、做事积极主动，那么他的孩子也会受到这些行为的影响，跟着父亲的脚步前行。

父亲的教育，能使孩子变得更加勇敢、坚强，敢于面对自身的缺点和挫折，同时富有责任感和进取心，而这些非智力因素的品质，在子女成长的过程中至关重要。对于男孩来说，父亲除了能够培养他的阳刚气质外，还能培养他男性的思维方式和行为方式，让他树立男性的自信心、责任心和权威感。对于女孩来说，父亲的意义更是不同一般，父亲不仅是女儿的精神支柱，而且还培养她自制、自立、自信、坚强、忍耐理智的品格。

四、那些父亲要教孩子的事情

教孩子善良的品格

善良是人性中最温暖、最美丽、最让人感动的一缕光辉。善良是最美好的品格，最朴素的情感。善良，如春日下蒲公英的种子，借着微风，飘向田间，落地生根发芽，开出金灿灿的花。一颗善良的心，比得过任何华服、珠宝，它所蕴涵的美丽，发自内心，溢于言表，绵长持久。人，生长在天地之间，喜怒哀乐造就善恶之心。一个人如果拥有一颗善良的心，他的行为和语言就会得到净化，他人生的路必将越走越宽。

印度民间流传着这样的话："如果某个人在路上发现有人中了箭，他不会关心箭从哪个方向飞来，也不会关心箭杆用什么木头做成，箭头又是什么金属，更不会关心中箭的人属于什么阶级。他不会过问这么多，只会努力去拔出那人身上的箭。"善良是人类最本能、最原始的一种情感。著名主持人杨澜在接受采访时说："你要相信善意的力量。在你能力范围内，善意地对别人，善意就像空气一样会流通，到时会有正面的能量还给你。"心怀善意地帮助别人，就是在为自己积攒福气。正如中国的一句老话："心净生智能，行善生福气。"这福气不仅包含在衣食住行当中，也显现在我们的面容上。通常人们说的"相由心生"正是这个道理。大自然就是这样奇妙，我们所做的一切事情都会悄悄溜进我们的内心，岁月化为一把刻刀，把这些事情的印记刻在我们的面孔上。

所以，你会明白为什么孩童脸上的天真烂漫都是一模一样的，而那些年事渐长的脸上，却刻着不同的印记，或美丽、或高雅、或怨恨、或悲伤。

善良使人美丽，美好的品行能够带来美好的外表。在每个人长大的过程中，做过的事，说过的话，其中的动人之处都会留存在心里，一点一滴地积累起来，渐渐改变人的谈吐、气息和容貌，慢慢地令人散发出亲切、美丽的光芒。只有把善良深植心底，我们的面孔才会显现出真正的美。

教孩子正直做人

正直是一种高洁的操守，它不为金钱、名利、权势所左右；正直是一种高尚的信仰，它容不得半点瑕疵与伪装。正直的人作风正派，坦诚直率，他决不会攀附权贵、心口不一，也不会心里想一套，口里说一套，做的又是另一套。他是内心有原则和规矩的人，不会表里不一，也很少矛盾、挣扎，因为他会忠实于自己做人的标准，这与声望、金钱、权力以及任何世俗的标准不同。人们可以凭着正直的风骨和坚定的意志来抵抗人生的挫败，在需要的时候义无反顾地坚持自己的信念。

因为正直，才有了“安能摧眉折腰事权贵”的李白；

因为正直，才有了“人生自古谁无死，留取丹心照汗青”的文天祥；

因为正直，才有了“横眉冷对千夫指”的鲁迅。

古往今来，多少人因为正直，不畏强势，敢作敢当，坚持正道，坚持真理，甚至为此愿意牺牲自己的生命。也正是正直的品格，使得他们名垂青史，万古流芳。

正直正是这样一股内在的、可贵的、无往而不胜的力量。这股力量可以带来友谊、信任、钦佩和尊重。

著名的数学家陈景润也是这样一个正直的人。他把所有心思都花在了数学研究上。就是这样一个纯粹的人，在“文化大革命”期间却遭到了批斗。但是陈景润还是默默地承受了这些。造反派们一次次地威逼利诱他去批斗他的老师华罗庚。当时华罗庚也被打成“反动学阀”。他们甚至威胁说：“如果你不整他，我们就先整死你！”在形势如此险恶的情况下，陈景润依然平静地说：“你们就是整死我，我也不会做对不起老师的事情的。”陈景润恪守“一日为师，终身为父”的古训，坚决不做伤害华罗庚的事情。同时保全了自己的人格和尊严。他坚持不改自己的初衷，赢得了很多人的敬佩。

陈景润明白做人要正直、做事要正派，堂堂正正，公公正正，才是立才之本。胸怀坦荡，光明磊落，才会赢得他人的信任与尊重，成为别人学习的榜样。正所谓“己欲立而立人，己欲达而达人”。只有自己想要去做的事，才能要求别人也去做，只有自己能够做到的事，才能要求别人也去做到。

河边住着一只非常热情好客的鼹鼠，它邀请了一只青蛙来做邻居。青蛙欣然接受了它的邀请。可是，随着住在一起的时间长了，青蛙看鼹鼠越来越不顺眼，觉得它又傻又笨，于是在心里盘算着哪天找个机会教训一下它。

青蛙终于想出了一个自认为完美无缺的计划。于是它来到鼹鼠家里。向鼹鼠讲述游泳的乐趣，鼹鼠心生羡慕。青蛙劝鼹鼠跟它一起去水里玩。鼹鼠推脱说自己不会游泳。这时青蛙眼睛一转，对鼹鼠说：“没问题。我会游泳，一定能保证你的安全。我用一根绳子把我们连在一起。这样你就不会淹水了。”鼹鼠想了想，在青蛙的怂恿下点头同意了。

于是它们一起下了水，青蛙开始大展能耐，时而游得飞快，时而潜入水底，把绳子那头的鼹鼠折腾得死去活来。鼹鼠被灌了一肚子水，最后漂浮在水面上。

这时，青蛙拖着鼹鼠向它们的住处游去，但还没到岸边，就发现一只在空中觅食的鹞鹰，鹞鹰也看到了漂浮在河面上的鼹鼠，于是俯冲下来一把抓起鼹鼠。相连的绳子把青蛙也带了起来。吃掉鼹鼠后，意犹未尽的鹞鹰把嘴伸向了青蛙。

在被吃掉的那一刻，青蛙悔恨地说："害别人也会害到自己呀。"

虽然我们身边也存在个别像青蛙一样以邻为壑的人，可是有更多的人坚持正义、坚持真理，因为那才是人性的本质，那样的人生才问心无愧。

第六章

父母与子女沟通的艺术

一、尊重孩子的隐私

二、倾听孩子的心声

三、学会赏识孩子

一、尊重孩子的隐私

尊重孩子的隐私权，这是密切亲子关系、获得孩子信任的基础。

在生活中，父母要密切注意孩子在态度和行为上的细微变化。当孩子希望自己的房间没有人打扰时，父母就不要随便进入；当孩子希望拥有记录自己秘密的日记本时，父母就不要偷看，更不能采取打骂体罚的方式。

当你用自己的语言和行为去赏识和尊重孩子，孩子也同样会尊重你，从而把你当成他的好朋友。当他们遇到什么事情或者心中有秘密的时候，才有可能主动向你谈起。

记住，你越尊重孩子的隐私，你与孩子的距离也就越近。当你需要进入孩子的房间时，应该敲门，并礼貌地问他："我可以进来吗？"当孩子写日记或者写信时，如果你想看，必须经过孩子的允许。你可以说："孩子，在写什么呢？妈妈可以看看吗？"当你想帮助孩子收拾房间、书桌或者书包时，最好应该让孩子知道。你应该说："让妈妈帮你收拾，你看好吗？"

别碰孩子的日记本

一位中学生告诉我，一种带锁的日记本在他们班里几乎人手一册，目的是为了防范父母翻看日记。

孩子向最亲的父母锁住自己，这一颇为残酷的现象令人深思。孩子之所以给

日记上锁，是因为父母不能尊重他们的隐私；而父母则自有一番道理，实在不了解应当怎样教育自己的孩子。这其中的问题就出在如何互相了解上。父母与孩子虽然有着与生俱来的亲情，但毕竟相差几十岁，彼此之间有天然的“代沟”；跟孩子做朋友，靠真诚赢得孩子的信任是唯一的途径。

在大多孩子的日记里，很少有什么“不可告人”的事，更多的是孩子的一些思考和一些心里话。当父母的，要允许孩子有自己的秘密。

儿童期的孩子有秘密，说明这孩子有丰富的内心世界，智商高，主意多。这样的孩子往往是“孩子头”，他常常会编造出一些“小秘密”，以吸引同龄的伙伴。

少年期的孩子有秘密，说明他正从幼稚走向成熟，善思考，有独立见解，自尊心也在增强。

进入青春期，孩子对成人的封闭性、对伙伴的开放性更显得突出。这些“小大人”似的孩子尤其需要得到尊重。

首先，孩子是个人，不是物。他是人，他就有感情，就有他自己的行为方式，就有自己的独立人格，也有他的隐私权。现在很多家庭把孩子当成宠物，想玩就玩，想逗就逗，就是不懂得尊重孩子。

第二，孩子是未成年人。正是因为没有长大，他们就坐不住。一年级的孩子能够集中精力的时间也不过 10 分钟到 20 分钟，过一会儿他就要动一动，这是年龄特点决定的。

孩子有时爱说大话，大人却以为他在说谎。其实，这是孩子为了让别人注意自己，故意夸大事实罢了。他还没有成年，思想尚未定型，这时候你不分青红皂白说他在说谎就是冤枉他了。

第三，孩子是一个独立的人，不论年龄大小，大人们不能把他的一切都代替了。孩子要独立思考，要独立参与；他要有自己的秘密，也要有自己的隐私权。法律都在保护他们的各项权益，你侵犯了他们的权益，你便触犯了法律。

如果孩子从小就受到尊重，他便能懂得自尊，也会懂得怎样去尊重别人。那些对人彬彬有礼的孩子，肯定是在家里受到尊重的孩子；那些蛮不讲理、行为粗野的孩子，在家里，一定得不到他人的尊重，甚至常常受到伤害。

如果你想把自己的孩子培养成为高素质的人，成为有教养的人，那么，你首先要做这样的人。要让孩子尊重你，你便应当先尊重孩子。

呵护孩子的尊严

一个人心灵的世界是靠尊严支撑的。不怕没有钱，就怕没有尊严。

我们培养孩子从小要有骨气、有尊严。

一个孩子是不是有尊严，不取决于家里物质条件的好坏，而在于他们生长和教育的环境。

美国斯坦福大学的学生顾盼，就是一个自信自尊的中国女孩。

顾盼出生在一个特殊家庭。她的父母身材矮小，父亲身高只有 1 米 3。顾盼从小就生活在别人的非议和嘲笑中，但是她从不自卑，因为她有一个很有尊严的父亲。

我第一次见到顾盼，是在中国教育电视台“知心家庭”演播室。当顾盼领着父母走进演播室时，在场的人都惊呆了。站在矮小的父母中间的，是一位个子高高的、眉清目秀、眼大而有神的美丽女孩！她脸上带着微笑，热情开朗，青春洋溢。身材矮小的父母和清秀高挑的女儿之间的极大反差，让在场的人充满好奇。

顾盼说：“我跟父亲出去的时候，街上经常会有一些人对我们指指点点，我觉得非常不好受，并不是埋怨父亲长得矮，而是觉得，为什么这些人会以这样的眼光看人？！可是，我父亲面对这些目光，非常坦然。所以我觉得，我的开朗跟父亲的坦然有很大关系。父母为了我的健康成长付出了很多，从小我就把父母的辛苦看在眼里，也记在心上。我不会因为父亲不能让我像其他孩子一样享受而自卑，因为父母给我的一切已使我感到满足。”

女儿说着，顾先生不时地点头，面带笑容地说：“我很开心！很多邻居、朋友、同事羡慕我女儿成绩好，长得漂亮。但是，最令我欣慰的是我女儿的为人。她没有现在独生子女那些普遍的弊病，比如任性、自私、骄傲、自以为是、不能和人家融洽相处……我是一个残疾人，身高只有 1 米 3 左右，有时也招来一些奇异的眼光。但是我想，我对工作是兢兢业业的，这是我的底气，那些别样眼光就随他去吧。我希望能好好地教育女儿，使她成为一个各方面都比较优秀的人。我是一个有心人，很注意向别人学习，不断改进，所以我能够顺利地走到今天。”

我问顾先生教育孩子的核心问题是什么，顾先生说：“我教育孩子第一理念就是：育人先育德。我认为良好的行为习惯的培养，是品德培育的基础。我从培养她良好的行为习惯入手，培养孩子的爱心。她才几岁时，中国大熊猫濒危，我就带她去捐款。那时，我们杭州有一个‘援助孤儿’行动，我也带她去捐款。我认为大人有爱心，孩子就有爱心。”

这位残疾父亲给予孩子的是精神上的财富，他身材不高，却有着崇高的人格。女儿从父亲那里接受了人格的教育。

这使我想起一个真实的故事——“泪湿土琵琶”。在一个非常贫困的地区，一位农民一心要让儿子上大学。为了儿子的学费，他弹着土琵琶在街头卖唱。有一次，他到学校去看儿子，儿子见到父亲，却跟同学介绍说“这是我老乡”。

对这种现象，顾盼有自己的看法，她说：“我想这可能跟父母的教育有关。父母从小给他灌输的思想就是，你能上大学，你就变成凤凰，就高人一等。我觉得我能够有一个平常的心态，首先是因为我的父亲有一颗平常的心。”

“父母的生活态度和看法直接影响孩子。”顾先生回忆了母亲对自己的教育，“小的时候，我面对别人的讽刺和异样的眼光，心里很不舒服。有一次为这个还跟人家打过架。但是我的父母开导我要自强，向古代的晏子学习。后来长大了，我心态就变得比较平和。不是整天愁眉苦脸，而是快乐开朗。”

顾先生讲了一个深刻的人生道理：孩子的心灵成长需要自尊自强。这“自尊自强”能够享用一生！“没有人能打倒你，除非你自己。”有尊严的人永远有动力。父母给予孩子的这份人生礼物，比给孩子金钱要珍贵得多。

正是父母给予了女儿这份人生的财富，顾盼拥有了健康美好的心灵和乐观的心态。

顾盼说：“我觉得，一个人能够成功，跟心理因素、思维习惯、智力因素都有关系。我感谢父母给我的一切。”

人人都需要尊严。尊严树立起来，人生就会创造辉煌；尊严一旦崩塌，人生就会充满阴霾。贫困、残疾家庭出身的孩子需要尊严，那些学习差的孩子也需要尊严，有时这些父母、老师眼中的“差生”，缺的不是分数，而是人格尊严。

一群全校闻名的捣蛋鬼，毕业前被集中打入“差班”。“差班”第一天上课，新班主任的开场白是这样说的：

“同学们，把头抬起来！人生好比一场马拉松，暂时的落后并不代表最后的失败。从今天开始，我和你们一同起跑……”

犹如春风拂过荒原，犹如暖流涌向冰川，这些“差生”的心灵被强烈震撼，就在这堂课上，一颗颗“顽石”下定了努力向上的决心。

从此，“把头抬起来”成了这个班同学的常用语。现在，他们都已长大成人，每逢过年，他们之间还通过手机短信把这句话互相传递。他们说：“这普普通通的五个字，充满了强烈的情感和人生的哲理，是它，改变了我们的人生道路。”

“把头抬起来！”这五个字唤起了孩子做人的尊严！

二、倾听孩子的心声

在孩子心中，家庭是由三个完全平等的世界组成的，每个世界都是独立的，又是交叉的，也是互相支撑的。他们知道，自己是父母心中的太阳，是父母爱情的结晶。他们多么需要父母的爱，多么渴望与父母沟通！

让孩子倾诉——坐下来听

一位著名的心理学家认为，父母让孩子通过语言把所有的感情——积极的和消极的——都表达出来，是对孩子最大的保护。

作为孩子，总希望父母能与他共享快乐或分担愤怒、恐惧、压抑、悲伤，而我们这些做父母的，却往往只爱听“好消息”，不爱听“坏消息”。长此以往，孩子失望了，觉得什么事情对父母说了也是白说，还不如将坏心情埋在心里。久而久之，消极情绪找不到发泄和化解的渠道，积累到一定程度就可能突然爆发，变成一种对抗情绪，以致给自己和家庭带来损害。

无论是大人还是孩子，只有觉得对方能真正理解他的想法时，才能听得进对方的话。我们在听了孩子的想法后，立即用自己的语言重复其中的要点，并同他交流，孩子会觉得我们一直在认真倾听，对他是尊重并理解的。那么，孩子无论怀着什么样的心态，都能够表现得平静，对问题的解决也会有利。

跟孩子交流，有时候并不需要我们自己说，只要静静地听孩子把话讲完，孩子也就满足了。父母作为倾听者所给予孩子的关注、尊重和时间，是对孩子最有效的帮助。

有位妈妈声带上长了结节，医生强迫她噤声，至少十天不许说话。

这天，儿子放学回家，进门就嚷："我恨老师！再也不到学校去了！"

如果平时听到儿子这么说，妈妈一定要严厉地训斥他。但是，这一次她没有这样做——她不能讲话，只能看着下面会发生什么样的事情。

气愤的儿子蜷伏在妈妈身边，把头枕在妈妈的膝盖上，伤心地哭着："妈妈，今天老师叫我们写一篇作文，我拼错了一个字，老师给我指出来，结果同学们都笑我，真没面子！"

妈妈只是搂着伤心的儿子。儿子沉默了几分钟，从妈妈怀里站了起来，平静地说："我要去公园了，同学还等着我呢。谢谢妈妈！"

妈妈的沉默给了儿子一个倾诉的机会，使他能够向妈妈吐露内心的痛苦。妈妈明白了，这时孩子并不需要父母的教训和忠告，他受了委屈，需要有人倾听他的诉说。

沉默有时胜过千言万语。这是人与人之间的相互交流相互沟通的一个奥秘。你能够理解这无声的交流吗？你能够学会使用它吗？那么请坐下来，静静地听孩子说吧！

和孩子平视——蹲下来看

有这样一个故事：一个大人发现有个孩子聚精会神地蹲在路边观察蚂蚁，便问："小朋友，你在干什么？"孩子仰起稚气的脸得意地说："我在听蚂蚁唱歌。"大人哈哈大笑："蚂蚁怎么会唱歌？"孩子不高兴地回答："你不蹲下来听，怎么知道蚂蚁不会唱歌？"

父母要被孩子所接受，是不是也应该找准自己的位置，蹲下来，听孩子说话，了解他们的思想，知道他们要做什么呢？有许多事情，用我们成人的眼光来看，怎么也理解不了，这就需要做父母的有变换角色的意识，抛弃自己的偏见，用孩子的眼光来看他们的世界，才能看懂孩子。

与孩子商量——相互尊重

“如果父母喜欢与孩子商量，孩子就会非常乐意与父母交流，反之，孩子则会产生逆反心理，封闭自我。”美国著名的心理学家和人际关系学家戴尔·卡耐基认为遇事用“建议”的口吻，而不下“命令”，不但能维持对方的自尊，而且能使他人乐于改正错误，并与你合作。

为什么“商量”具有如此神奇的力量呢?

因为商量就是平等，商量就是尊重，商量就是沟通。

著名教育家魏书生说过：“也许其他方面我不如一般人，但有一条是胜过他们的，那就是遇事喜欢商量。”他有一句口头禅就是“商量商量”。的确，这“商量商量”，一般人可以想到却很少做到，魏书生在谈到如何教育好学生的经验时指出，和学生商量是重要的教育原则和方法。把一个班管好，把一个人教育好，都必须要充分发扬民主作风，放下架子，和学生交朋友。这样才能更好地和学生进行沟通，及时了解学生的思想动态，有的放矢地进行教育。同时，商量也使学生受到尊重，拉近师生距离，有利于学生人格的健康成长。

因此，父母在对孩子进行教育时也应多采取一点商量的口吻。不管什么事情，尤其是涉及孩子的事情，父母都不要自作主张，要学会与孩子协商，取得孩子的同意和认同。喜欢与孩子协商的父母是民主的父母，在这样的家庭氛围中，孩子就会渐渐养成民主协商的习惯，自然就愿意主动与父母进行沟通。

“知心姐姐”卢勤在一篇文章中曾经谈到与孩子商量的重要性的话题：

商量的魅力在于使自己学会从别人的角度思考问题。

两代人的沟通，最重要的是相互理解、相互尊重。而实现相互理解、相互尊重的方法是——学会商量。

我从儿子的成长中体会到：商量，能使家庭关系变得和谐；商量，能使孩子得到大人的尊重，从而使孩子懂得尊重别人，并学会用商量的办法去对待父母和他人。

从儿子幼儿时期直到高中时代，我一直用“商量”的办法同他相处。“商量”使亲子间增进了感情，避免了冲突和对抗；“商量”使儿子学会了从别人的角度来观察事情，思考问题，学会了民主和平等、尊重和友谊。

孩子是家庭的重要一员，可是，现实中，许多父母在决定一些事情尤其是一些重要的事情时往往把孩子排斥在外。是的，纯粹的大人之间的事没有必要让孩子知道，可是有很多事情完全应该让孩子参与讨论，尤其是涉及孩子的某项决定时，每个孩子都会出现与父母意见不一致的情况，孩子们都希望父母能够尊重自己的意见。如果父母忽视了孩子的主观能动性，一味地用父母的威严来压制孩子，即使孩子口头上同意了，内心恐怕也无法产生努力的动力。更可怕的是，在这样的情况下，孩子已经感觉在受罪，又怎可能与父母和睦共处呢？

如果你还在抱怨孩子不理解你，老跟你作对，那么就先反省自己是否在理解和尊重孩子的基础上与孩子商量了？

商量不是父母发号施令，而是要使每个问题的解决都打上民主的印记，商量更不是迁就，而是父母与孩子对话、沟通、相互了解，形成双方可接受的意见或办法。

父母要想实现两代人的沟通，最好的方法就是时常与孩子商量，在商量的过程中，孩子的意见得到了大人的尊重，孩子也了解了父母的想法。长此以往，父母与孩子增进了相互间的理解，家庭必然会更加和睦、温馨。

让孩子决定——学会选择

选择是一种能力。

人的一生中，会遇到无数选择的机会。机会永远只属于有准备的人。如果一个人从小就有意识地培养自己选择的能力，那么就有可能抓住机会，走向一个又一个成功；如果事事都靠父母替他选择，离开父母就束手无策，那么机会就会与他擦肩而过。

选择的能力是从小培养的。父母要对孩子一生负责，就要把选择的权利交给孩子，切不可包办代替，因为人生的路还要靠孩子自己走。

向孩子道歉，说声对不起

世界上最难说出口的话，不是“我爱你”，而是“对不起”，尤其是当父母在孩子面前说错了话或做错了事的时候。是否有勇气向孩子认错，便成了考验家长是否实诚的一道难题。

几乎所有的父母都会教育孩子要勇于承认自己的错误，告诉他们犯了错就得敢于承认，不要为自己找任何借口，谁都会犯错误，关键是要勇于面对错误并改正错误。但有些父母自己错了，却不愿意在孩子面前承认，尤其是在误解或是错误地批评了孩子时，他们往往过于顾及自己的所谓面子，羞于说出“对不起”。

由于父母在孩子心目中的主导地位，孩子总是把父母当成榜样，并且时时处处仿照父母的样子去做。要让孩子从小学会坦然、勇敢、诚实，不妨从自身做起，从与孩子切身相关的事情做起。当父母对孩子做了错事时，不要死赖着不认账，也不要“犹抱琵琶半遮面”，而是要勇于向孩子承认错误，让其认识到人的一生难免会犯错误，重要的是勇于认错。孩子学会认错就等于学会承担责任，学会诚实做人。事实上，父母做错了事，敢于向孩子认错，不仅不会伤害父母的尊严，反而会使孩子感到父母更加可亲，更有利于维护父母的长者形象。

一次，孔子和他的弟子子路、子贡和颜渊到海州游览。孔子听到隆隆的声响，对子路说：“山的那边在打雷和下雨，为何还要赶着去？”子路说：“这不是雷雨声，而是海浪拍岸之声。”孔子从未见过大海，想到海边去看看大海，于是孔子一行乘车到了海边的朐阳山下。

孔子和他的弟子爬上了山顶，只见水天相连，海阔无际，他们都兴奋极了。这时，孔子感到又热又渴，他让颜渊下山去舀海水来喝。

颜渊拿了盛器正要下山，忽听得身后有人在笑，大家都觉得很奇怪，回头一看，是个渔家孩子，于是就问他笑什么。那个孩子说："海水又咸又涩，不能喝。"说完，他把盛了淡水的竹筒递给了孔子。

孔子喝了水，解了渴，十分感激那个孩子，正想道谢，忽然海风吹来了一阵急雨，子路看着急了，大声嚷道："糟糕，现在到哪里去躲雨呢？"

那个渔家孩子对大家说："你们都不用着急，请跟我来！"说完，那孩子就把孔子一行领进一个山洞，这是他平时藏鱼的地方。孔子站在洞口边躲雨，边欣赏雨中的海景，不由得诗兴大发，吟出了两句诗："风吹海水千层浪，雨打沙滩万点坑。"孔子的三个弟子都齐声赞扬孔子的诗做得好，那孩子却持反对态度，他对孔子说："千层浪、万点坑，你有没有数过？"孔子心服口服地对孩子的反诘表示赞同。

雨停后，那孩子又到海上打鱼去了。孔子回想起刚才发生的几件事，歉疚而又自责地对三个弟子说："我以前讲过唯上智与下愚不移，看来这并不妥当，还是应该提倡'学而知之'，'知之为知之，不知为不知'。"

孔子在当时已是名扬天下的贤人，但在一个孩子面前，他认识到自己的不足和错误并勇于承认。这是十分可贵的，是值得许多父母认真学习的。

现实中，凡是要求孩子做到的，父母自己也应该带头去做、认真做好。当父母违背了自己说过的话，要敢于向孩子承认错误、做检讨，孩子才会感到父母的说教真实可信，不是居高临下的骗人把戏。这样，孩子就会自愿自觉地按照家长的要求去做，并在犯错后勇于承认。

父母怎样才能做到向孩子认错呢？在向孩子认错时，父母又应注意些什么呢？

第一，父母要改变观念，放下思想负担，正视自身的错误。每个人都有犯错误的权利，同时每个人还有改正错误的义务，不可能因为为人父母了就会不犯错误，也不可能因为孩子的爱戴而使错误消失。既然任何人犯错误都是难免的，那么犯了错误也就不必过分羞愧，而应将精力放在改正错误上，只要改了“就是好同志”嘛！因此，向孩子认错并不丢面子。

第二，父母道歉的态度很重要，不能太过于生硬、轻描淡写。用这些错误的态度道歉不能挽回什么，只会加深误解，因为孩子是十分敏感的，很容易就能意识到父母是不是在敷衍。因此，父母应用真诚的态度来道歉，不要碍于面子或者身份，不愿意对自己的孩子道歉，或者只是轻描淡写地说一下。

第三，要想让孩子从心理上接受父母犯错误的事实，必须与孩子多交流。通过交流，让孩子知道父母也是会犯错误的，但是自己绝不是故意要伤害孩子的感情，而看到孩子的感情受伤，自己实则很内疚，孩子只要感受到父母的悔过之情，自然就会理智地对待犯错误的父母了。

父母勇于向孩子认错，这是一种无言的人格力量，对孩子的一生都会有着深刻的影响。

向孩子学习——能者为师

放下架子，你会发现孩子可能比你强。

我过 50 岁生日那天，儿子送我一件礼物——他亲手将我家的电脑升级，装入语音录入系统软件。

在儿子的指导下，我乖乖地坐在电脑前，学习语音录入。

“专心，别走神！”

“自然点儿，就像平常说话一样……”

“不行，您感冒了，鼻音太重。妈妈，您需要重新录……”

面对电脑，我是一个小学生，儿子却俨然是一位严格而耐心的老师。

想起几年前，我还可以做他的老师，而今，他利用知识的优势以及所享有的信息、技能，使我不得不对他刮目相看，不得不老老实实拜他为师。

能者为师。拜孩子为师，不是什么不好意思的事情。

今天的孩子非常幸运地成长在科学技术飞速发展的信息时代，他们身上蕴藏着巨大的发展潜能，他们获取信息的能力远远超过我们这些家长的想象力。一件新的电器买回家，我们手忙脚乱，不知所措，而孩子几分钟就能让功能多得令人眼花缭乱的电器听从他们的指挥，并教给我们如何使用；到商场买东西，你在那里不知如何是好地挑来选去时，孩子会马上告诉你，哪种式样的衣服最流行，哪种已经过时，让你不得不听他的……在有些方面，孩子确实比我们懂得多。

拜孩子为师，好处很多。

（1）能使大人变得年轻。好像回到自己的年轻时代，激活自己学习新知识的兴趣。

（2）能使孩子变得自信。能够做父母的老师，让父母听自己的，这是多么神气的事情！孩子自然会从心里发出“我能行”的正信息。

（3）能使亲子间的感情增进。父母拜孩子为师，就自然会放下架子，与孩子平等相处；孩子受到大人的尊重，反过来会更尊重大人。这样，家庭气氛会变得更加和谐。

“现在的孩子啊，常常让我们感觉无所适从。”一位孩子的母亲感叹，“在孩子面前，我们总以师长自居，实际上，孩子的身上有很多闪光点，而这些闪光点是很值得我们大人学习的。”不可否认，孩子总有超越父母的一面；而作为父母，应承认自己在某些方面的落后，同时要以平常的心态向孩子学习。

向孩子学习，父母最大的心理障碍是什么？是失不起面子，放不下架子。他们总认为，孩子向父母学习是天经地义的，而父母向孩子学习是有失尊严、有失威信的，这是父母无知和浅薄的表现。这种理念导致的行动是，有的父母明明是自己错了，还要坚持到底，宁愿委屈孩子，也要维护自己的面子和权威。有的父母甚至采取高压政策压抑孩子，在孩子面前横眉冷对，装得神圣不可侵犯。有的甚至体罚和变相体罚，使孩子臣服于自己的权威。

现代社会高度发达的信息网络大大开阔了孩子的视野和知识源，使父母“知识传授者”的传统权威受到了空前的挑战。父母再也不能长期将自己置身于施教者这个固定位置了，也不能把孩子只看成是被动的受教育者了。

父母应有这样的意识，教育者与被教育者不总是一成不变的。当孩子遇到不明白的事情或出现错误时，父母通过教育让孩子明白事理，改正错误和改掉缺点，这时，父母是教育者，孩子是被教育者。而如果父母发现孩子的长处和优点，自己却不具备时，孩子就变成了教育者，父母应主动扮演被教育者的角色，虚心请教孩子，向孩子学习。特别是在知识爆炸、高科技迅猛发展的今天，更要提倡父母向孩子学习，决不能做孩子的“独裁者”。这就比如同是跨过一条河，当年父母走的是公路桥，而今天孩子走的是立交桥，桥发生了变化，两代人过桥的感觉也会有所不同。父母可以给孩子讲自己过公路桥的感觉，但没有理由强词夺理说过公路桥就一定比过立交桥舒服。

其实，如果家长能平心静气地观察孩子，就会发现孩子身上有很多值得学习和令人钦佩的地方：

孩子天真无邪，敢讲实话。而大人有时顾虑言多必失，不想说实话；有时顾虑忠言逆耳，不愿说实话；有时顾虑语出伤人，不敢说实话。

孩子善于自我激励，总是发自内心地为任何一点微小的进步而欢呼雀跃，从而保持旺盛的进取精神。

孩子懂得摆脱烦恼，无论是一阵铃声、一张画片、一颗糖果还是一下抚摸，都可以成为他逃离烦恼的快车。

孩子大度、忠诚，只要你有一颗真挚的爱心，那些曾经有过的误解、强迫、忽视甚至伤害，都会被孩子抛到九霄云外，而依然全身心地投入你的怀抱。

孩子具有耐心和毅力，能够不厌其烦地重复任何一项单调的事情，直到完全熟练地掌握。

韩愈说：“师者，所以传道、授业、解惑也。”从中可以看到，能告诉你做人之道，向你传授学问，帮你解决疑难问题的人，皆可称之为师。

曹冲是曹操的儿子，从小聪明可爱，深得家人的喜爱。

有一次，吴国孙权送给曹操一头大象，曹操十分高兴。大象运到的那天，曹操带领文武百官和8岁的儿子曹冲一同去看。

曹操的人都没有见过大象。这大象又高又大，光说腿就有大殿的柱子那么粗，人走到近旁比一比，还够不到它的肚子。

曹操对大家说："这只大象真是大，可是到底有多重呢？你们哪个有办法称它一称？"嘿！这么大个家伙，可怎么称呢！大臣们纷纷议论开了。

一个说："只有造一杆顶大顶大的秤来称。"

另一个说："这可要造多大的一杆秤呀！再说，大象是活的，也没办法称呀！我看只有把它宰了，切成块儿称。"

他的话刚说完，所有的人都哈哈大笑起来。大家说："你这个办法呀，真叫笨极啦！为了称称重量，就把大象活活地宰了，不可惜吗？"

大臣们想了许多办法，一个个都行不通。可真叫人为难呀。

这时，从人群里走出一个小孩，对曹操说："爸爸，我有个法儿，可以称大象。"

曹操一看，正是他最心爱的儿子曹冲，就笑着说："你小小年纪，有什么法子？你倒说说，看有没有道理。"

曹冲把办法说了。曹操一听连连叫好，吩咐左右立刻准备称象，然后对大臣们说："走！咱们到河边看称象去！"

众大臣跟随曹操来到河边。河里停着一只大船，曹冲叫人把象牵到船上，等船身稳定了，在船舷上齐水面的地方，刻了一条道道。再叫人把象牵到岸上来，把大大小小的石头，一块一块地往船上装，船身就一点儿一点儿往下沉。等船身沉到刚才刻的那条道道和水面一样齐了，曹冲就叫人停止装石头。

大臣们睁大了眼睛，起先还摸不清是怎么回事，看到这里不由得连声称赞："好办法！好办法！"现在谁都明白，只要把船里的石头都称一下，把重量加起来，就知道象有多重了。

曹操自然更加高兴了。他眯起眼睛看着儿子，又得意洋洋地望望大臣们。好像心里在说："你们还不如我的这个小儿子聪明呢！"

曹冲称象的故事惊动了满朝文武，让那些耄耋老臣自愧不如。它告诉了我们一个道理，父母不能以年龄的大小判断一个人知识的多寡，也不能认为孩子年幼就无法为师。

父母应虚心地向孩子学习，学习那些曾经拥有却又不知失落何处的东西……只有这样，才能更好地体现对孩子的赏识和尊重，更容易走进孩子的心灵世界，成为孩子的朋友，从而更好地教育和引导孩子。

三、学会赏识孩子

为孩子播撒生命的阳光

赏识的语言和行动如温暖的阳光，能融解人心中的冰山，注入无穷的力量。一些世界名流回忆他们如何成功的时候都有一个共同点，就是在他们小时候，经常被家长称赞"你很棒""你很聪明""你将来一定有出息"。世界三大男高音歌唱家之一帕瓦罗蒂还是个孩子时，祖母常把他抱在膝上对他说："你将会成为一个了不起的人物，你不久就会明白的。"后来他当了小学教师，偶尔唱唱歌。但他的父亲不断鼓励他，说他唱歌很有潜力，终于他在 22 岁那年从事保险业，从而争取到比较充裕的时间发展唱歌的天赋。成名之后他说："如果没有父亲的激励，我就永远不会站在舞台上。老师培养训练了我，但是祖母的那句话让我用勇气和信心走向成功。”

优秀的父母在孩子小时候，每当他取得了好成绩，或者做了一件让他自己感觉很自豪的事情，或者让家长感觉很骄傲的事情，家长都是像开新闻发布会一样，向所有亲友炫耀他的“成功”。这就像拿着放大镜一样，去放大他的优点，而且夸赞时一定要当着他的面，是有意识的表扬。

赏识可以鼓舞人的勇气，激发他的自信。周弘的女儿周婷婷一岁半时因注射庆大霉素造成双耳失聪，然而婷婷却取得了以下正常人都难以取得的成绩——6 岁多便能认很多汉字；10 岁出版了 6 万字的科幻童话；11 岁荣获“全国十佳少先队员”称号；她先后 3 次跳级，仅用 9 年便学完了中小学 12 年的全部课程；16 岁成为中国第一位残疾少年大学生；17 岁被评为全国自强模范；后来以优异成绩毕业于辽宁师范大学，获学士学位。又被美国最好的聋人大学加劳德特大学录取。这之后，周婷婷又攻读了哈佛大学博士学位。周弘说，他给女儿测过几次智商，都处于正常人的范围，丝毫没有“天才”“神童”的迹象，但他就是通过一次次的鼓励、赏识，使女儿达到了常人达不到，甚至都不敢想象的人生境界。周弘像欣赏婴儿说话一样，欣赏着女儿在各方面的点滴进步，在欣赏中教育，在教育中欣赏。他终于领悟到：在教育女儿的同时，女儿也教会了他很多；他正是通过女儿那颗纯洁的童心，在读一本充满真善美、充满良知的书，使他认识到人生的价值，找到了新的自我。

对孩子的赏识教育是一种艺术。根据自己孩子的特点和心理，要遵循以下几个赏识原则：

（1）及时激励。孩子的良好行为一经发生，就要及时肯定，时间越早，效果越好。就像批评教育孩子一样，一定在孩子有体验的时候进行，这样就能强化他对被赏识的记忆和感受。

（2）表扬要具体，切忌说些不符合孩子心理的空话。比如，孩子和小朋友一起摔倒了，孩子把小朋友扶起来，家长就不能只说：“今天你真乖啊！”指向性不强，你可以说：“你今天把小朋友扶起来，做得很好，妈妈很高兴，以后就要这样，和小朋友互相关心，互相帮助。”让孩子明白因为什么受到奖励。

（3）注意赏识的态度和语言，让孩子有满足感。“你一定花了很多时间和精力做这件事，真好！”“这孩子还真行，这么难的问题他竟然解决了。真不错。”“你很有潜力啊，下次一定做得更好。”孩子的心灵其实是很敏感的，态度真诚的激励，才会让孩子接受。不能习惯性地在激励的时候，再加上消极的评语。

（4）激励应该根据孩子的性格特点。对外向型的孩子不宜过多地激励，恰当表达出赏识，以防止他滋长骄傲和虚荣；而对内向的孩子，则应及时并充分地进行激励，以激发他的自信心。

（5）奖励可以有精神的，也可以有物质的，要了解孩子最感兴趣的是什么，最希望得到什么。

（6）不能仅仅是赏识而没有教育，赏识一定是和教育引导连在一起的。

“想让孩子成为什么样的人，就让孩子深信他是什么样的人。”赏识教育如同阳光育苗，多给孩子阳光吧。在阳光下长大的孩子，心智一定是健康快乐的。

哈佛女生的家教启示

19 岁的上海女孩汤玫捷，上的高中是上海的一所普通中学，但是却成为 2005 年国内唯一一个被美国哈佛大学提前录取的中国学生，更获得了哈佛校长提供的每学年 4.5 万美元的全额奖学金！

这个在中学 400 名学生中排名仅在百名左右的普通女生，究竟具有何种魅力，居然让世界名校为她敞开大门！哈佛究竟看中她什么？

说真的，我也特别想知道答案。

一个星期天，汤玫捷和北京电视台的编辑记者一起走进了我的办公室。我觉得眼前一亮：真漂亮！汤玫捷特健美，个子高挑，说话朴实。

“你就是 2005 年的‘哈佛女孩’？”我好奇地问。

“我叫汤玫捷。请别叫我‘哈佛女孩’，我不喜欢这个叫法。我是地地道道的中国制造——MADE IN CHINA！”汤玫捷说话干脆利索。

“哈佛究竟看中你什么呢？”我一上来就迫不及待地问。

汤玫捷笑了，“狡猾”地解释说，她的一个校友，专门去哈佛招生办打听了关于为什么录取自己的事。那里的老师讲了三点：第一点，汤玫捷这个人很严谨，有很好的学术背景，而且在许多比赛当中，获得了让哈佛认可的奖项。第二点，汤玫捷上高二时，曾作为上海唯一一名中学生赴美学习过一年，在这一年的经历中，汤玫捷给美国当地学校和所有与她交往过的同学家长都留下了非常好的印象；美国的历史老师更是在推荐信中夸奖说：“汤是一个热情、勇敢、自信、不太一样的中国学生……”第三点，进哈佛也要经过一系列考试，完成一系列申请材料，在这些方面，汤玫捷都做得很好，毫不逊色于其他的申请者。

其实，汤玫捷的“勇敢、自信”，正是来自她不一样的个人经历。

汤玫捷的父亲是一名中学教师，母亲是一名退休工人。夫妇俩对女儿唯一的要求是：“做到你自己最好的状态。”因此，他们从不把女儿按在题海之中，从不过分关注女儿的分数、排名，也从不认为女儿参加社会活动是在浪费时间。小学时，汤玫捷就以全票当选了中队长；从初中起，她在上海市红领巾理事会担任小理事，还做过小记者、校刊主编，办过网站，出过指导小朋友上网的小手册……那些大大小小包括“上海市十佳少先队员”“上海市青少年溜溜球比赛第三名”等 76 个市级以上的奖项，都从另一个方面映衬出汤玫捷多彩的青春年华。对此，她深有感触地对我说：“在我成长的经历中，自己好像没参加过什么培训班。兴趣就是最好的老师。只要是我喜欢的，我就一定会去做！”

“那么，你都喜欢什么？”我问她。

汤玫捷又笑了。“喜欢旅游啊。可我旅游有两个原则：一是不跟旅行团走，二是不要导游。跟着旅行团走的最大坏处就是，到一个景点拍一堆照片，然后赶鸭子似的轰你上车，急匆匆奔向下一个景点……这种方式我特不喜欢。所以，不管在美国还是在中国，我都是选择自助式旅游。”

“不要导游又是为什么呢？”我有些不明白。

“我看到的世界，不是一个导游能够用语言描述的，而是一个我自己用心感受到的世界。就说一些名胜古迹吧，人们首先就会想到很具体的标志性建筑，但实际上，那些东西离寻常百姓的生活实在是非常遥远。打个比方说，北京人不会天天去天安门吧，我在上海当然也不会每天爬一趟明珠塔……是这样吧？太不实际了！离人们的生活太远了！所以，我旅游的时候，从不以一个游客的心态去观看一个城市，而是融入其中，悄悄地关注人们是怎样在那里生活的。要想做到这一点，就不能光听别人的解说，还得靠自己走遍那些土地。而且我认为，在一个人的成长历程中，‘行万里路，读万卷书’，还应该再加上一条，‘和万人交流’，这才是完美的学习。”

“看来，你比较看重的是经历，是自己的所见所闻、所思所想。这一点我很赞同。”我高兴地说，“在我们周围，有些人外出旅游就是遵循‘上车就睡觉，下车就尿尿，到处去拍照’的死模式，结果只能是‘回家啥也不知道’。这正是因为他们没有用心去体验，身在心没在。”

“太对了！”汤玫捷提高嗓门说，“依我看，这个道理跟素质培养其实差不多嘛。比方说上美术班，你一进去，指导老师就像导游一样，告诉你这个世界是怎样的，这一笔应该怎样画，那一笔应该涂成什么颜色……可我认为，真正的美术学习不是这样一个过程，而应该是一个人在成长过程中，出于对美的热爱，对美的追求，用自己的心去操纵手中的画笔，自己走进这个门。”

汤玫捷说得很对，进兴趣班、参加各种比赛……其实只是一种经历。只要是自己愿意做的，就只管去做好了！有没有名次真的并不重要，重要的是，自己有没有感受。

聊到开心的时候，汤玫捷还忍不住告诉我说，就在升高二的那年夏天，她和一个好朋友计划独自去安徽自助旅游；由于知道父母肯定不会支持，于是她俩就隐瞒了真相，把这趟出游说成是一次夏令营活动；结果没等回来事情就彻底穿帮了，她还被爸妈责罚一个多月不准出门。对此，汤玫捷却毫不后悔：“我觉得这是一个选择问题。与其说要帮助一个人提高素质，达到未来的某种成功，倒不如让他从小就学会选择。”

汤玫捷和同学的这次私自出游虽然受了罚，却也证明了她很有能力。她的爸爸妈妈发现，孩子离开大人半个多月，没缺胳膊没少腿，就连旅行袋和行李也都完好无损地带回来了，不但先前自己担心的“钱被抢了”“包搞丢了”之类的事根本没有发生，而且看到女儿这一路上玩得特别开心，还体会到了很多东西，以后也就不再过多地干涉她了。后来，女儿远赴美国进行一年的学习交流，父母几乎就没担心过，始终坚信自己的孩子一定能行！

“说真的，假如没有这么一段经历，我的父母肯定会说：美国太危险了！”对这一点，汤玫捷显得很自豪。

的确，美国学校之所以最终确定了她，重要的一点就是，她的人际交往能力特别强。

而汤玫捷也是抱定了“和万人交流”的信念去美国的。

美国希德威尔私立中学是华盛顿地区一所著名的中学，云集着上流社会的子弟，克林顿总统的女儿就曾经在这所学校读过书。学校每年都会招收两名中国留学生。可是长期以来，中国学生却给美国孩子留下了这样一种印象：不爱说，不爱笑，更不爱户外运动，整天就知道埋头傻学，学得像木头桩子一样；数学成绩好有什么了不起？物理课上有出色表现又能怎么样？要是有种的话，就跟我们去体育场，和我们比试比试。

所以，希德威尔中学校长到上海复旦附中挑选交流学生时就提出要求：最起码来交流的这个孩子得能说话；千万不要来了又不说话，待上一年就走！既然是交流嘛，美国人希望的就是，你能满足他们对中国的好奇，更希望你给他们带去自己国家的不同文化。

汤玫捷在美国学习了 9 个月后，彻底扭转了全校师生和当地居民对中国孩子的印象。

到美国后，汤玫捷就读于 11 年级。但是，她所选修的课程却跨遍了所有年级，有些甚至还是大学的内容。在国内，她的英语还算不错；可是到了美国，立刻就显出了差距。不过，这可难不住自信的汤玫捷，聪明的她很快就找到了提升英语水平的方法。在她寄宿的美国家庭中，女主人是个学历史的自由撰稿人。虽然每天忙忙碌碌，但有遛狗的习惯。所以每到那时，汤玫捷就会放下手中的事，风雨无阻地陪着这位“临时妈妈”，每天遛狗一个半小时，还陪着她养鱼、喂猫……你可千万别小看每天的这一个半小时。汤玫捷说：“收获也许是在‘新东方’里待几周都不能达到的。”

汤玫捷与“临时妈妈”的谈话内容，论远则纵横天下以及200年的美国历史，论近则包括当下的各种新闻；她还天天坚持翻阅英文报纸，对某一则消息有了自己的想法后，找机会就要和“临时妈妈”议一议。就这样，只用了小半年的时间，她就出色地过了语言关，那发音，那语调，听起来都相当的“美国化”了。

正如希德威尔中学希望的那样，汤玫捷不但爱说爱笑爱交流，而且在运动场上也时常可以看见她的身影。

“打篮球我会抢着第一个运球上篮，冲浪时我也是第一个踏上冲浪板。我并不知道冲浪有很多危险，甚至我还不会游泳！但是，如果我想做一件事，就会对事情的结果有个大致估计，然后便坚决去做！曾经有人说，我被哈佛录取有着这样那样的原因。其实要我说，倒不如说哈佛觉得这个孩子有一种强烈的好奇心，对新鲜事物感兴趣，而且上手快，掌握得也快，体现了一种勇敢和自信，以及百分之百的投入热情。哈哈，我是不是有点‘老王卖瓜’啊？”

人常说见多识广，美国作家威廉·福克纳也说过：“不要竭尽全力和你的同僚竞争；你应该在乎的是，你要比现在的自己强。”

对于汤玫捷，与其说机会等她，不如说她找机会，积极的人生，开阔了她的眼界，而她这种积极的心态和性格，是她父母从小放飞了她的心灵——做到你自己最好的状态。

赏识是教育的前提

中国伟大的教育家陶行知先生，早在半个世纪之前就深刻指出：教育孩子的全部秘密在于相信孩子和解放孩子。

相信孩子，解放孩子，首先要赏识孩子。没有赏识就没有教育。

然而，在我们的生活中，有多少妈妈真心地赏识过自己的孩子？

一次，我应邀去中央电视台谈“怎样教育淘气的孩子”，一个看上去挺“蔫”、好像并不淘气的男孩坐在那儿。

我担心，原定的话题讨论不起来了。

谁想到，一开拍，这个挺“蔫”的男孩子冲着镜头说了一句特别精彩的话：“每次我爸说我的时候，都要说：瞧人家孩子怎么怎么好，瞧你怎么怎么差；瞧人家孩子多聪明，瞧你多笨……我心里很不服气，我老想，你要觉得人家孩子好，你就给人家孩子当爸爸算了，干吗给我当爸爸！”

我回头看了一下他爸爸，他爸爸的眼睛瞪得跟豆包一样，嘴咧得老大，一句话也说不出来。

等电视节目拍完后，这孩子的爸爸流着泪来找我：“我是一个司机，就这么一个儿子。我对他那么好，挣钱全是为了他，他凭什么这么冤枉我？”

我对他说：“您爱您的孩子，可是您的孩子不知道。您没有表现出对他的爱和赏识，您赏识的只是别人家的孩子。所以，您的孩子认为您不爱他。”

有这种烦恼的孩子和家长，为数并不少。

因为，现在许多家长教育孩子的心理有些错位，不是用赏识的目光去看待孩子的优点，而是用挑剔的眼光找孩子的毛病。最可怕的是用别人家孩子的长处，去比较自己孩子的短处，越比较越觉得自己的孩子不如别人家的孩子。

其实，你的孩子就是你的孩子，没必要总去和别人家的孩子比，只要你的孩子今天比昨天有进步，你就应该祝贺他，这就是父母对自己孩子的赏识。

盲目的比较，会产生许多不良后果，使你的孩子失去了自信。孩子会错误地认为，他的“灾难”是他的伙伴带来的，他不但不会产生向伙伴学习的愿望，反而结下冤仇，在他今后的生活中，将拒绝向别人学习。

被尊称为教育史上的哥白尼的捷克教育家夸美纽斯指出：“应当像尊敬上帝一样地尊敬孩子。”人性之中最本质的需求就是渴望得到赏识。就精神生活而言，每个幼小生命仿佛都为了得到赏识而来到人间，谁也不是为了挨骂而活着。

不要说未成年的小孩子，就是我们成人，谁都愿意和赏识自己的领导、赏识自己的同事一道工作，谁也不愿意和整天横挑鼻子竖挑眼，对这不满意看那不顺眼的人一起共事。

孩子与成年人不同。成年人在这个单位不被赏识，干得不顺心，可以调换到另一个单位去工作，而孩子不被父母所赏识，就没地方去了。

所以说，学会赏识应当是每个家长的座右铭。

“哪怕天下所有人看不起我们的孩子，做父母的都应该眼含热泪地欣赏他、拥抱他、称颂他、赞美他，为他们感到自豪，这才是每个孩子的成才之本。”这是一位聋童父亲在为改变女儿命运的坎坷途中发现的一个奥秘。

我们当家长的，没有任何理由对孩子说泄气话，因为孩子成长的道路犹如赛场，他们多么渴望父母善于发现自己身上的闪光点，为自己呐喊加油，哪怕跌倒一千次，也要坚信他们能在第一千零一次站起来，去争取人生的辉煌。

赏识会使孩子更优秀

父母要懂得赏识教育的重要性，更要懂得如何赏识孩子。

什么是赏识教育？赏识教育就是在教育的过程中尽可能地给孩子多一些的肯

定和欣赏，让他们更多地体会到成功的喜悦和得到更多的赞赏、表扬，而不是一味地突出孩子的不足和缺点。赏识教育强调的是善于发现孩子的优点，对孩子多加鼓励，使他们在情绪上得到满足、心境保持愉悦。

每个人生活在社会上，都希望得到别人的赏识和认同，孩子也不例外。美国心理学家詹姆斯说过："人性中最深切的心理动机，是被人赏识的渴望。"父母对孩子每时每刻的了解、欣赏、赞美、鼓励会增强孩子对生活的自信。

拿破仑·希尔博士小时候被认为是一个坏孩子，家人和邻居甚至认为他是一个应该下地狱的人，无论何时出了什么坏事，大家都认为是拿破仑·希尔干的。在这种情况下，拿破仑·希尔破罐子破摔，一心想表现得比别人形容的更坏。他的母亲去世后，一位新的母亲走进了他的家庭，当父亲介绍拿破仑·希尔时说："这就是拿破仑·希尔，是希尔兄弟中最坏的一个。"此时，他的继母却亲切地说："他完全不是坏孩子，他恰恰是这些孩子中最伶俐的一个，而我们所要做的一切，无非是要把他所有伶俐的品质发挥出来。"

继母发现了拿破仑·希尔人性中的优点，在继母的赏识和鼓励下，拿破仑·希尔开始改正自己的缺点，并发奋学习。继母用她深厚的爱和不可动摇的信心，塑造了一个全新的拿破仑·希尔——美国成功学的创始人。

"没有种不好的庄稼，只有不会种庄稼的农民。"这是赏识教育的基本理念。赏识导致成功，抱怨导致失败。父母应该为孩子高呼"加油""冲啊"，哪怕孩子一千次跌倒，也要坚信他们能一千零一次站起来……总之，教育好孩子，就应从赏识孩子开始。

那么，赏识教育的核心是什么？是信任！赏识教育专家周弘认为，不能把赏识简单地等同于表扬，赏识的标志是"行"，而不是"奖"或"罚"，赏识是指"看得起"。因此，赏识教育所提出的"赏识"是对人不对事的。在事上允许失败，但对孩子的信任不变。在事上允许教育者有批评和引导，但赏识的心态不变。这是对孩子心底深处的善良和美好的信任，也是对人性深处的善与美的信任。以父母对孩子特有的爱和宽容来捕捉这一点，在这一点上与孩子连接，就能激发孩子

"想好"的愿望，而一旦"想好"的愿望被激发，就真正启动了孩子的自觉和良知潜能，进入追求真、善、美的境界。

教育专家把一个学校水平相近的学生组成一个班，在一起学习，分成四个组：第一组的学生总是受到老师的表扬，而受不到批评；第二组的学生，受到老师的表扬多于批评；第三组的学生，受到老师的表扬少于批评；第四组的学生，总是受到老师的批评而得不到表扬。一个学期下来后，这个班的学生开始分化，第一组的学生成绩拔尖，第二组次之，第三组再次之，第四组的学生成绩下滑很快，甚至有的学生学习自信心和积极性受到很大影响。

由此可见，长辈对孩子的赞赏是多么重要。古人曾说："数子十过，不如奖子一长；数过不改，也徒伤情，奖长易劝，也且全恩。"这段话的意思是：教育孩子，与其总是批评，不如去表扬一次；对孩子批评多了，孩子并没有去改正，还挫伤了感情，如果用表扬和奖励的方法来对待孩子，使孩子容易接受，而且能让孩子很好地思考。比如，孩子学说话、学走路，都是在父母的鼓励下进行的，而孩子学说话时，没有不说错的，学走路时，没有不摔跤的。但没有一个父母因为孩子说错话、摔了跤而不让他们学说话、学走路。事实也正如此，如果父母能在孩子遭遇挫折时，给予一个鼓励的微笑，送上一句勉励的话语，传递一个信任的眼神，孩子就会在充满爱与温暖的氛围中，从长辈循循善诱的教导中，通过心灵的感悟与自我反思，认识自身的不足，正确对待挫折，增强克服困难的信心。

父母的赏识要像润物细无声的春雨，滋润孩子纯洁的心田。增强孩子对学习、对生活的自信心，激发孩子渴求知识的兴趣，促使他们追求成功，永葆积极向上的活力。

父母对孩子的赏识要有激励性，要让孩子从父母的赏识中，体会到成功的乐趣，更能从父母的赏识中明确努力的方向，以更加饱满的热情投入到学习生活中，力争取得更大的进步与发展。

赏识其实并不困难，它可以这么简单：一句温馨的话语、一个爱抚的动作、一次表现的机会往往就蕴含着赏识，就能生动地表达父母对孩子的赏识。

让孩子在希望中成长

每个人在情感上都是需要表扬和激励的，特别是孩子受到父母和老师的表扬和激励时，就会勇气大增，创造力也会大大提高。有的父母认为严厉督促是好办法，其实大错特错，因为人不愿意总是被动地做事情。

成人赏识的眼光，能使孩子创出奇迹。

在我生命的锦囊里，有一份妈妈赠予我的礼物——勇气。这种敢于自己说“我能行”的勇气，正是小时候在妈妈赏识的力量的鼓舞下形成的。

从小，家里人都说我勇敢，我也就自觉不自觉地把自己当成勇敢的人。星期天，妈妈带我和二哥去公园玩。公园里有一座天桥很高很高，桥板又窄又长，两边围着护网。虽然如此，走上去还是像走钢丝一样，令人心惊胆战的。开始走天桥，我也很害怕。妈妈鼓励说：“你行，想上去就上去吧！”走上桥，我心里想着“我不怕，一定能行”，一步一步地试，勇敢地走了过去！那种惊险的感觉真是好极了！

现在想一想，父母认为孩子“行”还是“不行”，对孩子一生的影响的确很大。父母的赏识与放手，对孩子发出的是“我能行”的正信息，使孩子慢慢建立起“行”的意识；父母过度的担心和保护，对孩子发出的是“我不行”的负信息，使孩子真的认为自己“不行”。

孩子“行”与“不行”，很大程度上取决于小时候父母和老师如何看待他们——是为他们鼓气，还是给他们泄气？每个孩子都有很多潜能，潜能的发挥与成人对他们的赏识分不开，投以欣赏的眼光，兴趣才有可能转化为特长，孩子就会创造出奇迹。当然，孩子的自我意识也很重要，让孩子从小学会正确认识自己，相信自己，不要太在意别人的看法，才能顺其自然地发挥自己的能力。

在孩子对某件事萌发兴趣时，父母和老师不应是挑剔者，而应该是会喝彩的观众。对大多数孩子来说，发展特长并不是为了搞专业，而是为了培养兴趣，提高素质。如果整天挥舞着“大棒”跟孩子较劲，还不如不让孩子学。

赏识，是激发孩子兴趣最好的营养剂，挑剔、训斥、打骂也许能培养出画匠或琴师，但绝不会培养出艺术家！因为天才是强烈的兴趣和顽强的入迷创造出来的，只有浓厚的兴趣才能使人成为这个领域的拔尖人物。

当然，赏识是发自内心的，而不是故意装出来的。有个年轻妈妈听了我的课，决定改变自己的生硬态度，回家就笑着对孩子说：“太好了！儿子你真棒！”孩子莫名其妙，马上过去摸摸妈妈的额头：“妈，您是不是烧糊涂啦？”

第二天，这位母亲跟我讲起，我俩笑得前仰后合。孩子已经习惯于父母的指责、打骂，所以对这种正面的激励会觉得那么陌生。

激励不仅对孩子有效，对任何年龄段的人都有效。

在生活中，我们也要用赏识的眼光去看待周围的人和事。

生活中，学会赏识别人，你也会得到很多意外的喜悦，你会觉得世界是多么美好。

我们爱孩子，就要让他在希望中成长。

恰到好处的赞美是父母与孩子沟通的兴奋剂、润滑剂。父母对孩子每时每刻的了解、欣赏、赞美、鼓励会增强孩子的自尊、自信。切记：赞美鼓励使孩子进步，批评抱怨使孩子落后。

要对孩子做到欣赏优点，包容缺点，允许孩子有不完美的地方。父母信任自己的孩子是积极的、向善的，他们有能力做得更好，这种信任是父母真诚赏识自己孩子的重要基础。在父母赏识和夸奖孩子时一定要注意应该注重的不是他们的成绩，而是他们的品质。只赞赏孩子的成绩，会让孩子误读为父母爱的是他取得的成绩而不是他自己，在今后的人生中他会不断地追求成绩，而否定自己，由此产生许多心理困扰。但是当父母欣赏他的品质时，他会感到父母真切的爱，而更加自信乐观。

我们看看下面的事例：

有这样一对父母，第一次参加家长会，幼儿园的老师说孩子有多动症，回来后她告诉儿子："老师表扬你了，说宝宝原来在板凳上坐不了一分钟，现在能坐三分钟了。"那天晚上，她儿子破天荒吃了两碗米饭，并且没让她喂。

儿子上小学了。家长会上，老师说她儿子智力上有些障碍，她却对儿子说老师对你充满了信心。只要能细心些，会超过你的同桌。

从这以后，儿子温顺得让她吃惊，好像长大了许多。第二天上学时，去得比平时都要早。

孩子上了初中，又一次家长会。她坐在儿子的座位上，等着老师点她儿子的名字，但老师却什么也没有说。她有些不习惯，临别去问老师，老师告诉她："按你儿子现在的成绩，考重点高中有点危险。"听了这话，她惊喜地走出校门，此时，她发现儿子在等她。走在路上，她扶着儿子的肩膀，心里有一种说不出的甜蜜，她告诉儿子："班主任对你非常满意，他说了，只要你努力，很有希望考上重点高中。"

高中毕业了。第一批大学录取通知书下达时，学校打电话让她儿子到学校去一趟。她有一种预感，她儿子被第一批重点大学录取了。儿子从学校回来，把一封印有清华大学招生办公室的特快专递交到她的手里，然后转身跑到自己的房间里大哭起来，儿子边哭边说："妈妈，我知道我不是个聪明的孩子，可是，这个世界上只有你能欣赏我……"

听了这话，母亲悲喜交加，再也按捺不住十几年来凝聚在肚里的泪水，任它流下，打在手中的信封上……

我想这位母亲是世界上最聪明的母亲，虽然她每一次都把话反过来说，但每一次都从另一个角度把希望说给孩子听，这样给了孩子自信，促使孩子走向了成功。

父母应该学会用放大镜看孩子的优点，用缩小镜看孩子的缺点，要合理运用自己的期待，正确地选择方法，灵活地来教育管理好自己的孩子，要包容孩子身上的缺点不足，给予孩子源源不断的动力。

孩子行为的形成是一个过程，人的行为都是有一定的目的性的，都是为了得到需求的满足，当他的一个行为使他的需求得到满足，并一而再，再而三地经过确认后，这个行为就会确定下来，成为孩子的习惯行为。比如，孩子希望引起别人注意是一种归属感的需求，在他表现安静的时候得不到父母的关注，而在调皮捣蛋时父母就会说他，说也是一种关注，三番五次，他的调皮捣蛋的行为就会被固定下来，同时还会在不同场合使用以取得更多人的关注。假如父母了解了这一规律，就可以忽略孩子淘气的表现，而在孩子表现好的时候给予一定的关注和表扬，我们可想而知，孩子一定会朝我们希望的方向发展的。何况每个人受到表扬和赞赏的时候都是非常愉快的，所以赞扬的方法更能使孩子的良好行为得到巩固和发展。另外，在良好行为形成的过程中，因为赞扬是一种肯定，所以也同时帮助孩子建立了自信心。赞扬是一举多得的好方法，请父母们不要吝啬，但是我们在表扬孩子时一定要真诚、要具体，要真心地欣赏孩子，父母不仅让孩子从言语中了解父母对自己的好评价，更重要的是让孩子从父母的眼神和语气中、肢体动作中能感受到“父母真的非常爱我”。

我们的孩子总是朝着赞美的方向去发展的，多用积极正面的话语和态度去对待你的孩子，相信他会越来越好。

第七章
发现和培养孩子的潜力

一、每个孩子都是金子
二、挖掘孩子的智力潜能
三、培养孩子的想象力
四、阳光梦想正能量

一、每个孩子都是金子

我们要善于发现孩子的长处。有很多父母，总觉得别人的孩子是天才，自己的孩子像个蠢材；别人的孩子是金子，自己的孩子是沙子。有这样的心理，他们永远不会主动发现孩子身上闪光的地方。

学会用发现的眼光，金子就在你身边。

能发现千里马的人是伯乐，能发现孩子长处的父母是称职的父母。

一位作家说过："人人都是天才。"要让孩子的潜力充分发挥出来，就要帮助孩子去发现"我能行""我哪点最行""我哪一点会更行"。我认为，让孩子"自我发现"比别人发现更重要。"我能行"的认识过程，本身就是一种自我发现的过程。"没有笨孩子，只有潜能尚未发挥出来的孩子。"要使孩子明白这些道理，需要父母和老师共同做工作。

实际上，这些"最有潜力"的孩子都是考场上还没有发挥好的孩子。老师若不以分数论英雄，而真正是"以人为本"，不仅让父母有面子，还让孩子有自信。若孩子们主动去发现自己最强的地方，就会个个都挺自信。

谁会以自己的短处作为生存条件呢？人应当扬长避短，如果经常展示自己的长处，别人就会认为他行，他就向更行的方向努力；如果总是展示自己的短处，大家都认为他不行，自己就可能破罐破摔，影响自己一生的发展。

有位父亲一连几天给我打电话谈论他的孩子，每次说的都是孩子的缺点，我问："你的孩子就没有一点儿优点吗？"

他居然回答："我告诉您吧，他一点儿优点都没有！"

我生气了，对他说："你不配当爸爸，你想好孩子的优点再找我吧！"

那么，怎样才能发现孩子的优点呢？

请爸爸妈妈相信，每个孩子都是金子。正像北京前门小学前校长钱红石说的那样："只要看重您的孩子，就会让蒙尘的金子闪光！"

发现孩子的优点要注意三条：

1. 发现不同点

就像天下没有一模一样的树叶一样，世间也没有一模一样的孩子。父母的责任就是发现自己孩子的"不同"。

爱迪生所以能够成为伟大的发明家，正因为他有一位善于发现他优点的伟大母亲。

爱迪生上小学时，学校买来了新教具，他很好奇，全给拆了，又装不回去，气得老师请来了他的妈妈。老师对爱迪生的妈妈说："你的儿子太爱拆东西了，你要让他改改这个毛病！"

"老师，我看你不对哟！我观察儿子很久了，他跟别人最大的不同就是喜欢拆东西，你叫他改掉这一点，那我儿子不就跟别人一样了吗？"爱迪生的妈妈是那么相信这是儿子最大的优点。

喜欢拆东西，实际上就是好奇心强，是智商开发的动力。正是受到妈妈的鼓励，爱迪生的动手能力越来越强，终于成为20世纪对人类贡献最大的科学家之一。可以说，没有爱迪生的母亲，就没有爱迪生的成功。是她发现了儿子的与众不同之处，发现了儿子的才能，也保护了儿子珍贵的好奇心。

那么，你的孩子有什么才能吗？有什么与众不同的地方吗？如果你还没有发现，你就有可能扼杀一个天才，尽管你是无意的。每个人都有与众不同之处，这个不同点也许就是他最行的地方。我们现在教育的误区是，把孩子培养成一筒"筷子"，戳齐了就满足了。这样做培养不出人才，更培养不出天才。

2. 发现闪光点

武汉市有个学习不太好的学生，上课特别爱举手，有时老师的问题还没有说完，他就把手高高举起。可叫他起来回答，他又答不上来。

老师课下跟这个同学聊天，问他原因。

“同学总笑我成绩不好，说我笨。我不服气，所以老师提问我总举手，想让大家看看，证明我不笨，可实际上我不会。”学生对老师实话实说。

老师了解了真情，表扬了他的积极性，并且跟他订下“君子协议”：“以后老师再提问的时候，如果真会回答，你举左手；如果不会，你举右手。”

老师心里有了底，以后上课就抓住这名学生举左手的机会，让他回答问题，并经常表扬他。从那以后，这个学生在学习上变得很有起色。

在武汉市中小学德育工作会议上，时任市教委主任的罗友松讲完这个故事，会场上响起一片笑声和掌声。他说，老师对学生要多发现，多肯定，多赞赏，多表扬，多鼓励。

孩子天天在长大，天天在进步。父母和老师要像哥伦布发现新大陆一样去发现他，特别要善于发现后进孩子的闪光点，让每个孩子都抬起头来走路。

3. 发现动情点

孩子是人类最真诚的群体。孩子的内心是纯洁的，孩子的情感是细腻的，我们要与孩子为友，就要去发现孩子的真诚，倾听他们真挚的声音。

有个孩子对我说：“我妈过生日的时候，我送给她礼物。可我妈说：‘花钱买这些干什么？’我当时挺生气的，觉得一份好心白费了。第二天，我发现我妈在仔细看我的礼物，我觉得挺高兴的，知道我妈还是喜欢我的礼物。她要是不用那种口气说话就好了。”

我儿子在大学读书时，有一回新年没回家，给我和他爸寄来了他画的贺卡：一只笑容可掬的黑猩猩，左手拿着香蕉皮，右手敬着礼。

我招呼他爸："哎哟，你看你儿子画得多好啊！"

我丈夫过来看了看："哼，不好好念书，净画这个！"

话音刚落，我就发现贺卡上有一行小字："爸，请不要说'不好好念书，净画这个'。这可是我业余时间画的。"

二、挖掘孩子的智力潜能

孩子的潜能是个巨大的宝库，要仔细观察和发现，懂得开发。很多专家分析，婴孩就有巨大的潜能，从孩子出生那天起就要开始教育，跟他说话，教他认知。

如果发现孩子对某一方面有兴趣，要好好爱护和培养。我国围棋国手常昊从小爱下棋，还没上小学，象棋上父亲就不是他的对手了。从幼儿园回家的路上，常昊总在半路"失踪"，他是看人下棋去了。少儿围棋班开课半年了，不会下围棋的常昊才来，但围棋班的邱百瑞老师注意到，通常 6 岁孩子看人下棋，半小时就坐不住了，常昊一坐就是半天。兴趣本身就是一种才能，邱老师经常给常昊开小灶，小神童开始扬帆启程了。

每个人都有先天禀赋，但后天的教育更重要。儿童的潜能如果不及时开发，就会递减。

误区一：催逼孩子。

值得注意的是，要有科学的家教观念，因材施教，遵循自然发展规律，而不要催逼孩子。很多天才的失败就是来自父母、社会的极度催逼。《伤仲永》就是众所周知的故事。神童仲永不过几年工夫，就变成了一个普通人了。我接待过很多伤心困惑的父母，都满怀骄傲地回想孩子当年的聪慧和与众不同——经常得“一百分”“第一名”，活泼可爱，某一方面特别强，哭诉孩子“悲惨”的现状：不爱学习，成绩一落千丈，行为怪僻，不知道为什么变成了这样。为什么？他们不知道大部分原因在于自己的教育。整天在孩子耳朵边唠叨分数名次，今天得了 99 分，为什么那几个孩子得 100，你怎么就要差那么一点？这次第三名，为什么不多几分？多两分就是第二名了，得了第二名又加码：下次一定要得第一名啊。

有的父母拿孩子的某项特长到处显摆，甚至在专业和职业上早早地就给孩子订了“终身”，回到家再进行“魔鬼训练”，要求越来越高，将孩子的兴趣和激情化成了负担甚至是仇恨。我曾看到一则记者的采访报道，一个 10 岁孩子学钢琴，母亲辞了职陪学，记者问：“打算作为专业吗？”母亲说：“那当然，我把一切都豁出去了。”“孩子还小，如果以后他有另外的选择呢？”母亲斩钉截铁地说：“不能的。”看到孩子坐在琴凳上那茫然的神情，我不禁心生害怕。只给孩子一条路，此路不通时，就难免悲剧发生了。

误区二：画地为牢。

另有一个事例，一位父亲觉得自己的女儿记忆力超常，也辞了职专事教育。孩子每天要记忆背诵好几个小时，家里满墙的文字公式定理，此外父亲也带着进行体育锻炼，带着适时娱乐。父亲很自豪又得意地讲解他的家教“宏大”计划。我从孩子眼中却看不到那种清亮亮的喜悦和能力非凡孩子的从容，我注意到她的听话、她的紧张，与孩子们在一起时，她不太合群。孩子也是“社会人”，在她的每个年龄段，都应该有自己的精神空间和行为空间，有自己的缤纷世界，她需要更多跟孩子们在一起的欢笑，需要宣泄情感和体能，这种种加起来才称得上幸福。如果她整天只跟家长在一起，狭小的世界会限制她，孩子的想象力和创造力会萎缩，况且家长不惜辞职孤注一掷，执着一念，会给孩子带来巨大沉重的压力。

任何人才的成功，都离不开智力因素和非智力因素。智力因素主要包括观察力、想象力、注意力、思维能力和记忆力；非智力因素，主要指人的情感（包括道德品质）、意志、性格、气质。

人的一生中，儿童时期正是智力发展的关键时期，这一时期的智力发展，将直接影响到一个人一生的智力发展。因此，抓住儿童智力发展的黄金时期，及时开发儿童的智力潜能，是教子成才、助子成功的重要途径，而失去了这一时期的发展机会，以后的教育会加倍曲折艰辛，因为儿童的智力开发不进则退，是会递减的。

作为家长，该如何挖掘孩子的智力潜能呢？

1. 强化孩子的观察力、认知力

历史上，大凡智力高度发达的人，其观察能力都是比较强的。著名的俄国生物学家巴甫洛夫曾对自己的学生提出过这样的要求："应当先学会观察，观察。不学会观察，你就永远当不了科学家。"

著名的法国昆虫学家法布尔，从小就喜欢观察动物。在他5岁的时候，一天晚上，他忽然听到附近的丛林里传来一阵阵美妙的鸣叫声。他想，是小鸟在鸣叫吧？我该去看看。大人们吓唬他说，森林里有狼，专门吃小孩子。小法布尔却毫不胆怯，勇敢地钻进森林去观察、探索，结果他发现：发出鸣叫的不是小鸟，而是一种蚂蚱。从此，他对昆虫发生了浓厚的兴趣，后来终于成为颇有成就的昆虫学家。

观察力对研究自然科学的作用是极为重要的，同样，对于文学艺术也是必不可少的。鲁迅就曾教导文学青年："如果要创作，第一要观察。"

法国著名文学家莫泊桑，拜福楼拜为师。福楼拜要求莫泊桑到马车站去观察马匹："马车站有许多马，你仔细观察那里的马，然后用一句话描绘出其中一匹马与其余几十匹马不一样的地方。"就这样，莫泊桑锻炼出了超人的观察力，因而，他的小说以人物刻画细致、入木三分而著称，在世界文坛享有很高的声誉。

怎样使孩子具有敏锐的观察力、认知力呢?

第一，锻炼感官功能。把孩子带进大自然，使他们视野开阔，博览多闻。接触感性事物，是观察力发展的基本前提。

现在，很多孩子害怕写作文，“一写作文就头疼”。为什么呢?因为他们没有生活。如果整天把孩子关在屋子里，势必堵塞孩子的视野，又怎么能激发孩子观察事物的兴趣呢?

北京有位年轻的妈妈很懂得培养孩子。她的女儿从小爱画画，可有一段时间觉得画烦了，不想再画了。这位妈妈没有硬“逼”着孩子继续画画，而是带她去养鸡场、动物园观察小动物。女儿看得很仔细，回来后画了不少新画，其中的一幅百鸡图还获了奖。

所以，家长要尽量利用业余时间带孩子去公园玩一玩、看一看，游览祖国的名山大川，多接触大自然。孩子在这些外出活动中，自然会对周围的事物产生浓厚的兴趣。家长可以利用这样的机会，引导和训练孩子的观察力。

第二，要帮助孩子确定观察对象。节假日，家长带孩子外出时，可以事先对孩子提出一些观察事物的题目：家门口增加了几栋楼?大街上增添了几家商店?动物园的猴子是怎么吃东西的?下雨的时候，雨是什么样子?刮风时，会发出什么样的声音?……长此以往，孩子就会留心周围的事物，逐渐改变那种凡事漫不经心、视而不见的习惯。

第三，对于上学的孩子，最好让他写观察日记。这样不仅可以锻炼孩子的表达能力和写作能力，也有助于培养良好的观察习惯。

第四，给孩子创造一些观察的有利条件。如让孩子自己养养小金鱼、小蜗牛、小蝌蚪，或者小鸡、小兔、小花、小草什么的，让他们观察这些小生命的生活情况，了解它们的成长过程。这一切，非常有利于孩子身心的健康成长。

2. 发展孩子的想象力、思维能力

想象力，作为创造性的认识能力，是一种强大的力量。

爱因斯坦概括自己一生的科学实践，得出了“想象力比知识更重要”的真知灼见。他提出：“知识是有限的，而想象力概括着世界上的一切，推动着进步，并且是知识进化的源泉。”因此，我们应当把想象力看作是科学研究中的完备因素。

有一位学者曾呼吁：“哪怕天下所有的人都看不起您的孩子，做父母的都应眼含热泪地欣赏他、拥抱他、赞美他。”是的，父母要做生活的细心者，要善于发掘孩子的闪光点。

这是一个拿着放大镜找学生闪光点的老师。

甘夏贤是位小学老师，有一天，她想知道自己在班里情绪变化的情况，于是，她让学生统计自己在这一天里所表达的表扬和批评话语的次数，结果让她大吃一惊：17 次批评，5 次表扬。甘老师想，如果学生换成是我，整天坐在这样气氛的班级里，我能有劲头吗？于是，她开始每天细细地寻找学生身上的优点，并且给全班同学规定了一个任务，每天讲出自己遇到的好人好事，哪怕是一点一滴的细节。从此，值周班长写班日志时表扬的话语也多了。甘老师后来总结说，让大家发掘别人优点的同时，也就教育了自己。

父母是孩子的第一任老师，父母更要像甘夏贤老师一样拿着放大镜找孩子的闪光点。

父母善于发掘并放大孩子的闪光点，能有效促进孩子认知自身的潜力，以不断发展各种能力。而当孩子对自己有了正确的认识时，就不会怀疑自己、怀疑自己的能力与价值，对生活充满激情。

父母善于发掘并放大孩子的闪光点，就是让孩子确信自己的幸福掌握在自己手里、成功是靠自己努力的结果。

父母善于发掘并放大孩子的闪光点，实际上是给孩子一股无穷的力量，它催人奋进，能开阔失败者前进的空间，能激励胜利者不断昂扬的斗志。

有这样一则寓言故事：

小兔子到了上学的年龄，被父母送到动物学校。在学校里，小兔子最喜欢上的课是跑步，几乎每堂课都得第一名，小兔子为此感到很高兴；小兔子最不愿意上的课是游泳，不管他怎么努力，总取得不了好成绩，小兔子为此感到非常苦恼。小兔子想放弃游泳，但他父母不同意。当老师看到小兔子上游泳课苦恼时，表示愿意给小兔子提供帮助。老师对小兔子说："跑步是你的强项，是你的优势，往后你就不用再练跑步了；只要你专心练习游泳，就一定能取得好成绩！"从此，小兔子专心致志地开始练游泳。但结果是：一段时间的训练下来，小兔子游泳水平不但没有多大长进，就连他的优势——跑步的成绩也下降了许多。

寓言故事里包含着一个道理：发掘孩子的闪光点是家庭教育的基础，人有所长则必有所短，每个人都有自己的优点和长处，但同时每个人都不可避免地存在着这样那样的缺点和不足。有的父母往往过于看重孩子的缺点和不足，并试图让孩子克服所有缺点，弥补所有不足。一个人有缺点和不足固然需要克服和弥补，但如果让孩子把主要精力都用在克服缺点和弥补不足上，那么孩子就可能因此丧失自己的优势。

在日常生活中，很多父母往往错误地认为孩子需要的教育是训导与惩罚，对孩子的优点、长处看在眼里、喜在心里，不动声色，而对孩子的缺点和错误，动辄批评、指责，甚至惩罚。其实，他们没有认识到，没有肯定和赏识，孩子就会在抱怨与批评中丧失自尊与自信，就会影响其心理健康，甚至可能产生一些不良行为。

父母如何发掘孩子的闪光点呢?

第一，树立赏识教育的理念。教育家陶行知先生说："教育孩子的全部秘密在于相信孩子和解放孩子。相信孩子、解放孩子，首先要赏识孩子。"善于赏识孩子的父母，在教育孩子的过程中往往能够取得事半功倍的效果。善于赏识孩子的父母总是着眼于孩子的优点和每一个进步，他们能够客观评价孩子微小的努力和点滴的进步，并能够不断地鼓励孩子充满信心、继续努力。同时，对于孩子出现的失误，赏识型父母能够以宽容、理解的心情对待，并提醒孩子减少失误，取得更好的成绩。

第二，不要用成人的标准衡量孩子。常言道，在废墟中发掘瓦砾谁都能做到，但是能在废墟中发掘金子却需要有一双慧眼。要识别孩子的优点和成绩，首先要学会如何看待孩子的成就。世界上没有只有优点没有缺点或只有缺点没有优点的人，孩子也不例外。父母找不到孩子优点的原因，往往是因为父母衡量孩子行为的标准太高了。如果用成年人成熟的思维和丰富的经验做标准，衡量思维还没有发育成熟，知识、经验和能力都还很匮乏的孩子，行为肯定不会符合父母的要求和期望，父母也就看不到孩子的优点和成绩。

第三，不与其他孩子做比较。父母不能总是拿自己孩子的短处与其他孩子的长处相比较，这种比较会使父母看不到孩子的长处，而且也会伤害孩子的自尊。

想象力被称为智慧的翅膀，它是人类的一种思维活动，是智力的重要组成部分。想象是创造的前提，可以说，人类社会的发展是靠想象力来推动的。想象力往往把原有的知识和经验综合性地提升或超越式地思考。想象所需要的材料来源于生活，却又高于生活，因此它与现实总是保持一定的距离，让人在短时间内难以辨认，难以捉摸。想象力的活跃代表思维的活跃与创造力的活跃。想象的过程，就是创新的过程，通过长期观察，认准方向，发现一条别人没有走过的路，然后迅速占领，完成创造。它在发明创造中起到非常重要的作用，直接推动了人类社会的发展与进步。

想象力是智慧的源泉，唯有创新，能让人的能力发挥到极致，让进步永不停息。想象力能够脱离现实，跨越时空，创造出未来事物的新形象。牛顿说："没有大胆的猜测，就做不出伟大的发现。"大胆的想象，可能错误百出，漏洞也很多，但是其创新价值是不可估量的。所以说，想象力十分可贵。正如郭沫若在《科学的春天》中说的那样："科学需要创造，需要幻想，有幻想才能打破传统的束缚，才能发展科学。”

13岁时，爱因斯坦已经对光速问题非常着迷。一次，爱因斯坦躺在小山坡上休息，他眯起双眼向上，这时，有千万道光束穿过他的睫毛，射进了他的眼睛里。爱因斯坦突发奇想：每次太阳出来都是万丈光芒，可是从来没有见过光是怎么射出来的，想必它的速度一定很快，若是人们能乘着光线去旅行，那会是什么样子呢？乘着想象的翅膀，他享受着阳光的照射，想象自己坐在光线上，做一次飞快的宇宙旅行。

回到家中，关于光速的问题依然萦绕着他，于是他决定找寻关于这个问题的答案。他假设自己在追赶一束光线，追上以后要研究这种光波的样子。

爱因斯坦发现了接近光速运动的物体出现了在空间上缩短，在时间上变慢的现象，于是提出了一种新的理论以解释他的发现。这就是震惊世界的狭义相对论。

爱因斯坦把自己一生的发现与成就归结为一句话：想象力比知识更重要。因为知识是有限的，而想象力概括着世界上的一切，推动着进步，并且是知识进化的源泉。

一个人掌握的知识越多，就越容易产生联想，得出新的见解，有新的创造；但另一方面，传统的知识、理论会反过来阻碍人的思维，形成巨大的惯性，这时人们就会不由自主地被牵着鼻子走，从而形成想象力的屏障，导致创造力的僵化。有很多人，尽管勤奋努力、刻苦用功，但终其一生，只有积累而没有创造，这就是为知识所累，为经验所困。那些心理上的障碍和思想中的顽石往往阻碍人们的发现、创造。

在一场中学生奥林匹克比赛中，有这样一道竞赛题：参赛选手需要设计一种水上运载工具，这种工具要突破常规造型，有创意，又实用。许多选手绞尽脑汁，设计出各种造型的运载工具，但大体总摆脱不了船的形状和结构。唯独有一位选手构思奇特，他设计的作品是一只硕大的“蜘蛛”。不仅外形特别，这个工具的运行也很独特，别的作品都是在水上航行，而他的蜘蛛是在水面上“爬行”。这样独树一帜的发明创造，自然格外引人注目。因此所有的评委都给了他最高分。

创新是人类生存与发展的重要保证，是人类进步的动力，是人类智慧的结晶。孩子，我告诉你，其实成功没有那么难，但创新确实不容易，想要拥有“大胆”的想象力需要你做到以下几点：

（1）好奇心，这是想象力的萌芽。人类所有的行为，都要通过大脑转变为愿望，然后指导身体付诸行动。一颗好奇心、一颗勇于求知与探索的心，是创新意识的起点和基础。

（2）兴趣，这是想象力得以存活的养料。孔子说过：“知之者不如好之者，好之者不如乐之者。”兴趣是最好的老师，只有这种内在因素的发挥，才能促使人自觉地、主动地观察、思考、研究。这种主观能动性，促使人产生新的联想，获得新的成果。

（3）质疑，这是想象力的实际行为。早在我国古代，就有人提出“前辈谓学贵为疑，小疑则小进，大疑则大进”。质疑是一切进步的开端，不迷信权威，独立思考，才能够脱离惯性的束缚，发挥想象力。

（4）探索，这是想象力的发挥过程。在原有的经验与知识的基础上，对问题进行认真的探索和追溯，分析、比较、求证，发现新问题，提出新见解，从而超越前人的成果。这就说明，发展想象力的潜力还很大，而儿童时期又是个人想象力发展的大好时机。

达尔文上小学后，不知怎么变得爱“撒谎”了。有一回，他捡到一块小化石，回来跟姐姐说：“这是一块宝石，价值连城呢！”又有一回，他捡到一个硬币，一本正经地告诉姐姐：“这是古罗马造的。”姐姐一看，只是一枚被压得变了形的18世纪的旧币罢了。姐姐对达尔文的“说谎”行为很是恼火，几次向父亲告状，可父亲总淡然一笑，说：“这算什么撒谎！这个孩子倒挺有想象力，说不定哪一天他会把这种才能用到事业上去呢！”果然，达尔文长大以后，把丰富的想象力运用到缜密的科学研究中，创立了伟大的“物种起源”学说。

3. 培养孩子的自制力

对孩子来说，最重要的是让他们从小养成良好的自学习惯，有了自学的习惯，不论孩子是继续深造，还是参加工作，都能很好地利用这把钥匙去打开知识大门。

孩子自学习惯的养成，要靠家长的长期训练。比如，帮助孩子制订具体的学习制度和学习计划，并提醒孩子去认真实施；要求孩子预习功课，养成提前预习课文，以便带着问题听讲，更好地吸收知识的好习惯；鼓励孩子独立完成作业，教会他查字典、读书读报，以获取更多有益的知识。

古人云："不积跬步，无以至千里。"要想让孩子成才、成功，家长们就要注意从生活、学习中点点滴滴的小事抓起，培养孩子每一方面的优良习惯，正确地引导他们稳步走向未来的美好前程。

可以说，孩子的一生，就攥在我们做父母的手中！

三、培养孩子的想象力

想象力比知识更重要。画画，是培养孩子创造力、想象力的重要途径。

我们每个人都有一个神奇的大脑，大脑有左右两个半球：左脑主要处理语言、逻辑、数学、次序，即所谓的学术性活动；右脑主要处理节奏、旋律、音乐、图像和幻想，即所谓的创造性活动。

今天，人类十分重视对右脑的开发，而开发右脑，发挥创造力，主要是运用想象力。

"想象力比知识更重要。"这是科学家爱因斯坦的著名论断。他还说，因为知识是有限的，而想象力概括着世界上的一切，推动着世界的进步，并且是知识进化的源泉。在20世纪自然科学发展史上，几乎无人能与爱因斯坦的成就相比，他在科学史上占据着划时代的地位。

然而，谁能知道，这个头发蓬乱、不修边幅的犹太人，在中小学时代竟然常常被斥为“智力迟钝”，甚至被断言将来“一事无成”。

爱因斯坦在回顾自己的童年时，多次谈起他所体验的惊奇感。他说：“思维世界的发展，在某种意义上说就是对‘惊奇’的不断摆脱。”他认为，学生最可贵的动力是想象力、好奇心、求知欲、学习中的乐趣以及对学习结果的社会价值的认识，而学校最重要的任务是努力引导学生形成这些能够启发创造性的心理能力。他的结论是：“教育应当使所提供的东西让学生作为一种宝贵的礼物来领受，而不是作为一种艰苦的任务要他去负担。”

画画，是培养孩子创造力、想象力的重要途径。

我曾经看到这样一篇文章——《创造性能不能教》，作者是留美教育管理学博士黄全愈。其中写道：

美国孩子学画画，老师往往不设样板，不定模式，让孩子从现实生活到内心想象的过程中自由构图。孩子虽然画得“一塌糊涂”，但十分高兴。画完之后，只问老师“好不好”，而从来不问“像不像”。黄博士说：“回答‘像不像’，是指‘复印’得如何；回答‘好不好’，是指创造得如何。”

黄博士讲了这样一个故事：美国的小学美术老师达琳曾来中国云南做学术交流。不少中国老师请教她：“怎样教孩子的创造性？”达琳很困惑：“创造性怎么能教呢？”

达琳给中国孩子出了一道题：“快乐的节日”。结果发现，很多孩子都在画圣诞树，而且画得一模一样！她仔细观察，原来孩子们的视线都朝着一个方向：教室墙上的一幅画里有棵圣诞树！达琳把墙上的画遮起来，要孩子们自己创作一幅画来表现这个主题。令达琳感到吃惊的是，那群孩子竟然抓耳挠腮，一副茫然的样子。达琳老师不得不又把墙上的那幅圣诞树揭开。

这个真实的故事的确令人深思。中国有千千万万个孩子在学画画。问题是怎么学？学什么？用什么方法去学？是用“眼”画画，还是用“心”画画？这可能就是模仿与创造的不同点。

我很同意黄博士的观点：模仿是一个简单的由眼睛到手的过程，由于没有心的参与，可以说是一个类似“复印”的过程。长此以往，虽然技艺越来越高，可想象力却越来越差。他的眼睛里有画，而心里没有。眼睛里的画只能是别人的画，只有心里的画才是自己的。

有创造性的孩子，往往是用“心”画画，正是在“心画”的过程中，培养了创造力。

人类的发明，都来自大脑。一个奇妙的主意怎样才能产生出来呢？这就要张开想象的翅膀，打破原有的模式，学会重新组合，把不方便变为方便。比如：

改变的方式。把两辆汽车摞在一起，改成双层，让它的容量加倍，也可以把汽车减半、扩展、切开、拉长等。

代替的方式。用小球代替钢笔尖，制造出圆珠笔；用互联网代替传统的通讯方式。

重组的方式。把耳机和收音机组合在一起，成为“随身听”；把商场和地铁车站连在一起，地铁的出口也就是商场的入口。

新知识、新技能怎样才能学得快呢？有一个成功的做法：进行“形象训练”，画脑图——把全部东西在脑子里绘画组合。

日本有位著名医生，小时候，祖父教他骑自行车，并不先买车，而是让他看别人怎么骑，让他反复想着自己应该怎样骑，在这个阶段，他一次也没有骑过车。过了一段时间，在他找到感觉以后，祖父才买了自行车。他开始骑的时候，有点儿摇晃，但很快就得心应手轻松自如了。连他自己都奇怪为什么掌握得这么快，其实这就是画脑图的作用。学医后，这个经验得到充分的运用。他第一次给患者做阑尾手术，就十分出色。执刀之前，他先反复进行形象练习，回想观看高年级同学手术时的全过程，脑子里浮现出自己执刀手术的全部形象，预想可能出现内脏粘连等复杂症状，描绘着自己有条不紊地及时判断处理的全过程。由于事先做好思想准备，一旦走上手术台，就没有了初次执刀的紧张慌乱。

冥想是十分重要的。你把自己想象成一个成功者，你就能成为一个成功者；想象成一个失败者，你就可能是一个失败者。孩子在上考场、上赛场、上台讲话或者表演之前，你对他说“别紧张”，他肯定会紧张；如果让孩子想“我都准备好了，我会自如发挥的”，那一定会有好结果。

做父母的，都希望自己的孩子有一个聪明、敏捷、健康的大脑。那我们应该做些什么呢?

“喂”好脑。大脑需要能量，能量主要从食物中获取。有人说，你的孩子早餐吃什么，决定着你的孩子成为什么样的人。这当然有些夸张，但也不无道理。平时，要多给孩子吃富含维生素 C 和蛋白质的食物，比如新鲜蔬菜、水果、大豆制品、肉类、鱼类等，早餐能吃一根香蕉更好。脑在工作时需要大量的氧和糖，所以要常常保持室内的空气清新，注意通风换气。要让孩子经常做深呼吸运动，也就是“调息”。具体做法是：闭目，吸气——吸到丹田，呼气——把气吐尽。平时让孩子多运动，才能保证大脑有充足的养分。

使用脑。俗话说得好：“你不用它，就会失去它。”要使大脑得到开发，就要经常使用它，脑子越用越灵，不用就越来越笨。集中精力多思考是锻炼大脑的最佳方法。思维敏捷的人，都是好动脑筋、勤于思考的人。我们批评“题海战术”，是因为它把复杂的脑力劳动变成了重复的“体力劳动”，对孩子的智力发展极为有害。

放松脑。自然放松，轻松愉快，可以活跃大脑的生理功能，是保护大脑的好办法。我掌握了一套大脑的“放松术”，效果很不错，通过主观意志的活动，放松全身肌肉，从而调节紧张情绪和高级神经活动的机能。

现在，每逢组织孩子们活动，在紧张之余，我经常带着他们进行放松训练。当然，程序没有这样复杂，但常常使疲惫而又兴奋的孩子得到很好的头脑休息，也方便他们更好地参加后面的活动。

保证孩子充足的睡眠，是保护大脑的最好办法。因为人只有在睡眠时，肌体内的免疫细胞才能很好地生长。长期睡眠不足，免疫功能自然下降，人就爱生病，也会影响工作和学习。

大脑，就像一个“沉睡的巨人”。帮助孩子开发大脑吧——巨人醒来之时，正是即将成功之日。

四、阳光梦想正能量

童年是多梦的季节，真爱孩子的父母应当精心保护孩子的梦想，这样梦想的种子才有可能长成参天大树。因为任何一个成功都是从梦想起头的。梦想是心灵世界的阳光，目标是人生路上的动力。

孩子天生都有梦想，童年是梦想的故乡。

梦想是鸟儿飞翔的翅膀，不展开翅膀，你永远不会知道你究竟能飞多远。一个人心中拥有了梦想，就会在希望中生活，并不断地创造生命的奇迹。

童年是多梦的季节，真爱孩子的父母应当精心保护孩子的梦想，这样梦想的种子才有可能长成参天大树。因为任何一个成功都是从梦想起头的。黎巴嫩著名诗人纪伯伦说：“我宁可做人类中有梦想和有完成梦想的愿望的、最渺小的人，而不愿做一个最伟大的无梦想、无愿望的人。”但是很多父母面对孩子的梦想，会说那是不切实际的好高骛远。他们不明白，正是有了梦想，不切实际才有可能变为实际。梦想就像人体成长所需要的微量元素与氨基酸，缺少它，大脑的营养就跟不上，思维就会迟钝，没有想象力、创造力。父母要学会给孩子以梦想，让孩子在无数个梦想中，充分发挥想象力与创造力。

关于“梦想”，有这样一个故事：

2002年的11月28日，是美国特有的节日——感恩节。在这个节日到来的前三天，芝加哥市一位名叫赛尼·史密斯的中年男子向当地法院递交了一份诉状，要求赎回自己去埃及旅行的权利。

事情发生在40年前，当时赛尼·史密斯6岁，在威灵顿小学读一年级。有一天，品行课老师玛丽·安小姐让学生们各说出一个自己的梦想。全班24名同学都非常踊跃，尤其是赛尼，他一口气说出两个：一个是拥有自己的一头小母牛，另一个是去埃及旅行一次。可是当玛丽·安小姐问到一个名叫杰米的男孩时，不知为什么，他竟一下子没了梦想。为了让杰米也拥有一个自己的梦想，她建议杰米向同学购买一个，于是在玛丽·安小姐的见证下，杰米就用三美分向拥有两个梦想的赛尼买了一个。由于赛尼当时太想拥有一头自己的小母牛了，他就让出第二个梦想——去埃及旅行一次。

40年过去了，赛尼·史密斯已人到中年，并且在商界小有成就。40年来，他去过很多地方：瑞典、丹麦、希腊、沙特、中国、日本，然而他从来没有涉足过埃及。从他卖掉去埃及的梦想之后，他从来没忘记过这个梦想。然而，作为一个虔诚的基督徒和一个诚信的商人，他不能去埃及，因为他把这一行为连同那一个梦想一起卖掉了。

2002年感恩节前夕，他和妻子打算到非洲旅行一次，在设计旅行线路时，妻子把埃及的金字塔作为其中的一个观光项目。赛尼·史密斯决定赎回那个梦想，因为他觉得只有那样，他才能坦然地踏上那片土地。

可是，赛尼·史密斯没有赎回那个梦想。因为经联邦法院审定，那个梦想价值3000万美元，赛尼·史密斯要赎回去，就必须倾家荡产。其中的缘由，我们从杰米的答辩状中，也许可略知一二——

在我接到史密斯先生的律师送达的副本时，我正在打点行装，准备全家一起去埃及。这好像是我一口回绝史密斯先生要求赎回那个梦想的理由。其实，真正的理由不是我们正准备去埃及，而是这个梦想的价值。现在各位都非常清楚，小时候我是个穷孩子，穷到不敢有自己的梦想。然而，自从我在玛丽小姐的鼓励下，用三美分从史密斯先生那儿购买了一个梦想之后，我彻底地变了，变得富有了。我不再淘气，不再散漫，不再浪费自己的光阴，我的学习有了很大的进步。我之所以能考上华盛顿大学，我想完全得益于这个梦想，因为我想去埃及。我之所以能认识我美丽贤惠的妻子，我想也是得益于这个梦想，她是一个对埃及文明着迷的人，如果我不是购买了那个梦想，我们绝不会在图书馆里相遇，更不会有一段浪漫迷人的恋爱时光，也不会有现在像我们这样幸福的一对。我的儿子现在在斯坦福大学读书，我想也是得益于这个梦想，因为从小我就告诉他，我有一个梦想，那就是去埃及，如果你能获得好的等级，我就带你去那个美丽的地方。我想他就是在埃及的召唤下，走入斯坦福大学的。现在我在芝加哥拥有六家超市，总价值 2500 万元左右。我想如果我没有那个去埃及旅行的梦想，我是绝不会拥有这些财富的。尊敬的法官和陪审团的各位女士、先生们，我想假如这个梦想是属于你们的，你们一定会认为这个梦已融入了你们的生命之中，已经和你们的生活、你们的命运紧密相连，密不可分，一定会认为这个梦想就是你们的无价之宝。

为什么梦想可以实现，因为梦想会使人心中产生一种激情，这是一种可贵的心灵动力，是可以令一个人“虽九死而不悔”的生活向往，它会最大限度地激发人的潜能，从而实现自己的目标。

人类最可贵的本能就是对未来充满幻想，对明天充满激情——尽管这些幻想有许多不确定的因素，尽管有些孩子的梦想永远都不能实现，但是，每一个人都在憧憬着未来，并为着这或远或近的“未来”投入他们全部的努力。

但遗憾的是，今天的孩子离梦想是那么遥远！

《知心姐姐》杂志在“知心调查”问卷中设计了一个比较具体的问题：“今后你想做什么？”来自北京、上海、安徽、云南等 8 个省市的 2855 名中小学生参加了调查。

我们猜想，几千名孩子给出的答案一定是五花八门，令人眼花缭乱，充满激情和想象。

但是，很令人失望！我们只能从 7.29％的答案中看到激情和想象的影子。这些答案中有周游世界，飞越万里长空，研究奇形怪状的生物、宇宙、外星人，到别的星球去工作……这些都是让人怦然心动、心驰神往的事情。可惜这样的人生设计太少了。92.71％的中小学生的回答几乎千篇一律是这样的“标准答案”：“上一个好大学，找到一份好工作。”

中小学生本应该是充满童真、充满童趣、富于幻想的，对于他们来说，今后想做的或喜欢做的事情太多太多了。可是面对问卷，大部分孩子似乎忘记了自己的年龄，所有原本属于他们的激情与幻想都无影无踪，似乎他们一下子就变成了一个要考虑工作与生存的小大人。

为什么有 92.71％中小学生会回答今后要“上一个好大学，找到一份好工作”？“知心调查”得出的结论是：孩子受父母急功近利的生活态度影响太深。

从父母的答卷中我们可以找到答案，“您希望您的孩子将来成为一个什么样的人”，父母的回答是：

取得最高学历。

好好学习，事事争做 No.1。

出国留学。不学习，就是死路一条。

一直学下去：学士、硕士、博士……

想让他好好学习，为我们争口气。

出人头地。

父母把这种生存的压力过早地传播给了孩子，孩子也就自然开始压制自己内心的激情与渴望，甚至对生活淡漠，他们过早感受到了生存的压力。一旦“大学”不是父母眼中的“最好”，工作不是自己心中的“最佳”，就开始抱怨，开始灰心丧气，觉得活着没有意思，甚至寻死觅活，这是十分可悲的。

多彩的梦想是人生的宝贵财富，人的一生能走多远，很大程度上取决于童年的天地有多大。有梦想的人，天地就广阔。梦想一旦萌发，就梦牵魂绕，无论能不能实现，始终是一种激励。

孩子的梦想又是一个民族创新的灵魂。我们的祖辈和我们自己，如果小时候没有梦想，我们的国家就不会像今天这样的辉煌；我们的孩子一旦小小年纪就把心淹没在功利之下，那么，我们民族的明天就会失去创造的动力，未来的太阳就会失去光泽。

阳光心态

面对生活，你有什么样的感受，就会有什么样的生活。

快乐享受每一天!

“年岁不饶人，它不会总让我们享受人生的乐趣。那么，趁我们的年龄还能享受，还渴望享受这种乐趣的时候，为什么苛求自己呢?”古罗马哲学家塞涅卡是这样看待生活的。

所以，“今天，最好!”珍爱生命的人都会这样说。

有一位老爷爷是著名的内科医学专家，健康快乐地活到了98岁。据说，他长寿的秘诀就是——每天早晨大声朗诵这句话：“今天就是最好的一天!”他还说：“今天，只有今天，才是真真切切的生活。过去的就让它过去吧!”

但是，在现实生活中，我们有些同学却不是这样的。而是每天早晨一睁眼，就慌慌张张爬起来，忙着穿上衣服，忙着刷牙洗脸，忙着塞上几口早点，忙着一路狂奔冲向学校……一门心思地想着赶紧打发完手里的事，去完成“梦中更重要”的目标。可结果却是把自己弄得手忙脚乱，被总也做不完的“小事”裹挟着，狼狈不堪地往前奔跑……忙着听老师讲课，忙着放学回家，忙着“喂饱脑袋”，忙着写作业，甚至连玩都变得忙忙叨叨!就这样“拼杀”了一整天，等到晚上累瘫在床上时才发现，自己竟然一点收获也没有!面对这种忙乱的生活，有人写了一句顺口溜来“调侃”自己：“活也忙，学也忙，忙忙碌碌一整天，一觉又到解放前！”

其实，所有的同学都不愿这样活着。每当问起他们，个个都说：

“啥，这也叫生活？忙着吃，忙着喝，还不动脑子……简直就和猪一样嘛！”

“这种苦日子我算是过烦了！也过够了！再这样过下去，我非‘秀逗’了不可！”

“要说谁还乐意这样活着，不用多问，这家伙准是脑袋进水了！”

既然愁眉苦脸是一天，高高兴兴也是一天，大家为什么不高高兴兴地面对每一天呢？又何必像上足了发条的机器呢？所以我劝大家，应该轻松地踏着生活旋律，快乐地享受每一天吧。

打个比方，很多同学把每天写作业看成是痛苦无比的事，总想着赶紧写完作业好去玩；可事与愿违，作业却总也写不完。于是，他们只好每天在痛苦中煎熬。其实，如果能换一种心情，把写作业看成是自己乐意干的事，安静地坐下来，细细琢磨每道题的解法，好好体验写字的感觉，而不是一心惦记着做游戏有多高兴，写作业有多苦恼，也许就能感受到学习的乐趣，学习效率也会大大提高，同时更让自己拥有一种成就感。

面对生活，学会感受，这也是一种习惯。假设一个人从小在挑剔和抱怨中长大，那他就学会了挑剔和抱怨；如果一个人从小在赞许和感激中长大，那他就有可能学会每时每刻感受生活的快乐。

面对生活，你有什么样的感受，就会有什么样的生活。

乐观是快乐的根源。而保持乐观的唯一方法，就是紧紧抓住生活的每一次快乐。

坚强的意志

教育的核心是人格心灵的唤醒。父爱的力量，能延续人类优秀的生命，能激发一个孩子崇高的责任意识，能把一个稚嫩的男孩变成一个坚强无比的男人！

给孩子一个坚强的世界！

在孩子成长的世界里，父爱是天空，母爱是大地。

父爱与母爱是不同的。

父爱给孩子以坚强，母爱给孩子以爱心。父亲支撑着孩子的世界，母亲抚育着孩子的成长。

孩子跌倒了，母亲说："孩子，摔疼了吧，以后要小心！"父亲说："孩子，没什么，自己爬起来，这就是生活！"

孩子在跑步，母亲说："孩子，跑累了，就歇歇，饿了吃点东西。"父亲说："孩子，飞起来，爸爸在天上等你！"

孩子要长大不能没有大地慈爱的抚育，也不能没有天空坚强的支撑。

说父爱是天，是因为父亲用人格的力量支撑了孩子的天空。

王根，是哈尔滨市的一位优秀中学生，曾获全国"宋庆龄奖学金"。他的父亲生前是一个大型企业的董事长、总经理。王根从没沾过父亲优越条件的光。由于当时家里房子小没有会客厅，每当有人到家里来，特别是下岗工人来找父亲谈话，父亲都要让儿子关掉电视。王根开始不理解，父亲告诉他："儿子，来找爸爸办事的每一个人，都比电视节目重要。"时间长了，王根也习惯了，父亲爱事业、爱同事的做法，潜移默化地影响了儿子。

王根15岁时，父亲因病去世。临终前，他把儿子叫到床前，对他说："儿子，我该给你讲讲我和你妈妈年轻时的故事了，不然的话，恐怕没有机会了。"

王根对父亲说："爸爸，人生其实只有'三部曲'，情爱、恩爱、怜爱。你与我妈妈年轻时的情爱我没有看到，但你们中年的恩爱我看到了，这些年你们在事业上互相支持，虽然你没有到老年，但你已经提前享受了老年时期的怜爱。在你患病期间，你与妈妈相互搀扶着，爸爸你不必伤心，你已经走完了人生的全过程。”

儿子的话让一贯坚强的父亲第一次流泪了，他对妻子李晓凡说：“晓凡，我可以闭上眼睛放心地走了，孩子长大了，成熟了，懂事了，可以支撑这个家了。”

教育的核心是人格心灵的唤醒。十几年中，王根的父母给孩子的那些让他在毫无察觉中的严格而又理性的爱，独立而又平等的爱，终于结出了果实。

王根在父亲去世一周年时，为悼念父亲写下了《六月思父》：

……代父敬母，是我的责任，也必将是我心灵的归宿，我要做爸爸以前做的一切，尽我所能地延续爸爸的生命，从那一刻开始，我便走出了童年的憧憬，少年的光辉，离开了昨日的梦。此时，我更应该勇敢地去迎接明天的希望，正是这走出、离开、失去，让我懂得了坚强的含义。我想，从困境中站立起来的人是立体的、高昂的。我和妈有个约定，我们不再伤怀，我们要以对方为支撑，构筑“人”字形的人生支架，互依、互助、互动地走完这宝贵的人生。我将昂头挺胸，充满自信地走向人生一个又一个驿站，面前是无限延伸的路，身后是一串串坚实的脚印，当有一天走到天涯海角时，我可以牵着妈妈的手，向天空喊：“爸！看到了吗！我们有多坚强！”

我是在“全国更新家庭教育观念报告团”巡回报告时，认识王根的母亲李晓凡的。报告中，只要李晓凡讲到这里，我总要流泪，在场的所有人也都在流泪！

一个十几岁的孩子，面对父亲的痛失，面对生活的无奈，他挺过来了。他靠的是什么？是父爱的力量，是人格的力量！他学会把痛苦转化为坚强，把幸福留给他人。

“我欣慰的是，父亲英年早逝，儿子的心理不但没受到伤害，反而更加坚强。”李晓凡对我说，“最让我感动的是，火化那天，我从墓地回来，儿子把他爸的衣服全烧了，只留了几件珍藏起来。他对我说：‘妈，不要在痛苦中生活，那太苦！看到爸的衣服你会难过的，所以我全烧了，振作起来，妈妈！’”

我的心被深深地震撼!

这就是父爱的力量。他能延续人类优秀的生命，他能激发一个孩子崇高的责任意识，他能把一个稚嫩的男孩变成一个坚强无比的男人!

父爱，那是顶天立地的爱!

父爱是天。

第八章
引导孩子树立自信心

一、自信是成功的金钥匙
二、自信是战胜困难的利剑
三、下一站——成功

一、自信是成功的金钥匙

教孩子如何培养自信心

自信是对自身力量的确信，相信自己能克服困难，深信自己一定能做成某件事，实现所追求的目标，它是成功的保证。美国教育家戴尔·卡耐尔在调查了很多名人的成功经历之后指出：“一个人在事业上取得成功的因素，其中学识和专业技术只占15%，而良好的心理素质要占85%。”在后者中自信占有很重的分量，可见自信的重要性。无论在人际交往上、事业上，还是在生活中，自信都非常重要。

自信是一种发自内心的精神力量。一个人，没有自信就没有动力，也没有决心、毅力和恒心，对待生活就会消极。而有自信的人能够实事求是地评价自己，虚心接受他人的意见，对自己所从事的事业充满信心。自信能鼓舞人们去克服困难，战胜邪恶，迎接各种挑战，不断进步。高尔基指出：“只有满怀信心的人，才能在任何地方都把自己沉浸在生活中，并实现自己的理想。”战胜逆境最重要的是树立坚定的自信心，古往今来，许多人之所以失败，究其原因，不是没有能力，而是不自信。人不自信就难于成事；当人什么都做不好时，就会更加不自信，这是一种恶性循环。若想从这种恶性循环中解脱出来，就得勇敢地与失败做斗争，树立牢固的自信心。

春秋战国时期，一位将军和他的儿子一起出征打仗。虽然父亲已是将军，儿

子还只是马前卒。一阵号角吹响，战鼓声声，儿子就要出征迎战杀敌，这时父亲庄严地托起一个箭囊，其中插着一支箭，郑重其事地对儿子说："这是家传的宝箭，你佩带身边，这支箭力量无穷，但千万不可抽出来。"

儿子接过箭囊，那是一个十分精致的箭囊，牛皮打制，镶着幽幽泛光的铜边。再看露出的箭尾，一看便知是上等的孔雀羽毛制作。儿子顿时忘记了战场拼杀的残酷与危险，偷偷在心里想象箭杆、箭头的模样，箭飞起来的嗖嗖声，还有敌方主帅应声落马毙命的落魄场景。

果然，佩带宝箭的儿子一上场就英勇非凡，所向披靡。当收兵的号角吹响时，儿子再也禁不住得胜的自豪，完全忘记了父亲的叮嘱，强烈的好奇驱使他拔出宝箭看个究竟。突然间他惊呆了。那是一支断箭！箭囊里居然装着一支折断的箭！

"我一直带着支断箭打仗呢！"儿子吓出了一身冷汗，心惊胆战起来，顷刻间失去了所有的力量与斗志。

结果不言自明，儿子在之后的一场厮杀中惨死。

父亲来到战场，透过灰蒙蒙的硝烟，捡起那支断箭，沉重地叹道："不相信自己的能力，永远也做不成将军。"

儿子把胜败寄托在一支宝箭上是多么愚蠢，一个人把生命寄予东西或者交给别人时，又是多么危险！事实上，自己才是一支箭，要想它坚韧、锋利，要想它百步穿杨，百发百中，成为一支宝箭，需要磨砺它，能拯救它的只有自己。

自信是一股神奇的力量，它是人生最珍贵的宝藏，它可以使你免于失望，免于产生消极的念头，使你有勇气面对困难、失败或挫折。同样的道理，如果丧失了信心，你的道路就堵塞了，你看不见前方的路，看不到希望，对一切都漠不关心。

人的一生难免遭遇挫折，有的人选择妥协放弃，而有的人选择坚持信念，后者往往能依照计划行事，获得成功。人是为了信心而生，信心是人的本能，因此我们一旦失去信心，就违背了自己的本性，对一切都不敢肯定，人生没有了根，就会像浮萍一样，左摇右摆。

一个乞丐坐在画家工作室的对面。

透过窗户，这位画家看到了这位屈服于生存压力、灵魂深处透着绝望的人，于是他打算为其画一幅脸部肖像素描。

很快一幅素描成型了。画家不拘泥于外形的相同，做了几处重要的改动。他在乞丐浑浊的眼睛中加了几笔神采，使他的双眼看上去闪烁着追求梦想时的桀骜不羁；同时他拉紧了乞丐脸上松弛的肌肉，使其看上去充满了钢铁般的意志和强烈的斗志。

当做品正式完成后，他把那个贫困潦倒的乞丐叫了进来，让他看这幅画。

乞丐一脸茫然，不知画家要干什么。他盯着画看了半天，并没有认出上面的人就是自己。“这是谁？”他问画家，画家笑着叫他仔细看看。接着乞丐好像看到画中人和自己有几分相像，犹豫着问道：“这个人是我吗？这个人会是我吗？”

“这是你，这就是我眼中的你。”画家坚定地回答道。

乞丐突然挺直了腰杆，回应道：“如果这是您眼中的那个人，那他就是将来的我。”

乞丐通过一幅画看到了自己的力量，对自己充满了信心。这是多么神奇的事情啊！一个人只有对自己有信心，对自己的所作所为有信心，他才会成功。如果对自己缺乏信心，不需要外界的打击，自己就倒下了。信心是力量，是财富，相信自己行，就一定行。

如何建立孩子的信心呢？有以下方法：

（1）挑最前面的位置坐。坐在前面能够建立信心。从现在开始你就试着尽量往前坐，无论是在教室上课还是参加聚会。当然，坐在前面会比较显眼，但要记住，有关成功的一切都是显眼的。

（2）练习正视别人。正视别人等于告诉对方：我很诚实，而且光明正大。我告诉你的话都是真的，毫不心虚。

（3）练习当众发言。学会主动发言，要做破冰船，第一个打破沉默。不要担心你会显得很愚蠢。总会有人同意你的见解。

（4）怯场时，直接道出真情，即刻能够平静下来。把内心的变化毫不隐瞒地用言语表达出来，那么就没有产生烦恼的余地了。

（5）采用肯定的语气表达消除自卑感。常用肯定的正面的语言叙述，可以将同一个事实完全改观，由此可以驱除自卑。

（6）做自己能做的事。做自己能做得到的事时，个性就会显现出来。试着记下马上可以做的事，然后付诸实践。没必要非得选择伟大、不平凡的行动，只要是自己能力所及的事，一次很小的成就能为你带来自信。

教孩子保持一颗“平常心”

人是环境的产物。环境可以塑造人，也可以改变人：良好的环境可以帮助人成功，恶劣的环境可以使人窒息。

环境是人创造的。家庭环境是父母和孩子共同创造的。宽松、和谐的家庭环境，培养的是身心健康、性格开朗的孩子；紧张、压抑的家庭环境，培养的是有心理障碍、心胸狭窄的孩子。

有一位心理学家精辟地概括了孩子与环境的 14 种关系，其中有 7 种不良环境，有 7 种健康环境。请你对照一下，你的孩子是在什么环境下长大的。

（1）指责中长大的孩子，将来容易怨天尤人。

（2）敌意中长大的孩子，将来容易好斗逞能。

（3）恐惧中长大的孩子，将来容易畏首畏尾。

（4）怜悯中长大的孩子，将来容易自怨自艾。

（5）嘲讽中长大的孩子，将来容易消极退缩。

（6）嫉妒中长大的孩子，将来容易钩心斗角。

（7）羞辱中长大的孩子，将来容易心存内疚。

（8）容忍中长大的孩子，将会极富耐心。

（9）鼓励中长大的孩子，将会充满自信。

（10）嘉许中长大的孩子，将会爱人爱己。

（11）认同中长大的孩子，将会掌握目标。

（12）分享中长大的孩子，将会慷慨大方。

（13）友善中长大的孩子，将会对世界多一份关怀。

（14）安定中长大的孩子，将会有平和的心境。

家长在培养孩子方面一定要有平常心，但往往一般的家庭很难做到。很多的家庭，父母总是对孩子有太高的期许。所谓“水能载舟、亦能覆舟”，太高的期许既有可能是动力，也有可能是灾难。

有这样一个电影，叫《黑天鹅》，女主角的妈妈曾经是个失败的芭蕾舞演员，她把这种期待投射在女儿身上。女儿一直背负着这个单亲妈妈的极高期待，追求完美，也因此变得特别敏感。最后女主角获得了领舞的机会，但也因为敏感而出现幻觉，在她达到完美的时候死了。

在这个故事里，就显现了家庭教育的某些问题。就一般意义而言，父母对孩子的期待越高，孩子的成功率也就越高，但同时也意味着，孩子将要承受的心理压力就越大。就具体的个人而言，心理承受能力强的孩子能够承受较大压力，父母的高期待值与其成功率可能是正比关系，心理承受能力弱的孩子则会走向反面。

有些孩子思维发展相对于同龄的孩子可能会有些迟缓，或者理解力相对比较低。对他们而言，父母的高期待对他们来说是一件太痛苦的事情，他们只有焦虑、着急，不知道怎么办。

有的父母觉得人家孩子什么都会，你怎么就不会呢？变成你不会就没理由了。这时候，我提醒父母要有平常心：孩子在这时候往往更容易感到无助、孤单和失败，他们心里更期待父母的鼓励与帮助，父母要在这时候就给他们一些指导与提醒，这样的帮助不仅会减轻他们的无助和孤单感，更有利于孩子今后的进步。

华人世界里最伟大的建筑家之一贝聿铭，出生于苏州的一个银行家家庭，家境非常殷实。他的父母对孩子的期望就是顺其自然，择其长项发展。在贝聿铭还未决定将来以什么专业为终身职业的时候，父母让他先到美国去游学一下，先去看看自己到底对什么感兴趣。在游学的过程中，贝聿铭发现自己对建筑专业很感兴趣，最终做出了学习建筑的决定，这一选择使他在建筑领域内取得了辉煌的成绩。

父母教育孩子平常心很重要，同时要注意给予孩子适当的鼓励和赞美。鼓励不单是对孩子独特才能的鼓励，哪怕是一件微小的事情，也要给予孩子鼓励。孩子做到了，改变了自己，获得提升，这都会对他的人生产生非常积极的影响。一个人，在一个充满温暖、鼓励、接纳的家庭氛围中长大，他的幸福感、获得快乐的能力肯定要强于别的人。即使两个人在同样的工作岗位上，做着同样的业绩，同样的一种生活状态，前者可能更容易发现、享受到生活中微小的幸福，更容易从细节处感受到生活的快乐与意义。

二、自信是战胜困难的利剑

鼓励孩子向困难宣战

人生就是一个不断遭遇问题、发现问题、正视问题和解决问题的过程，所以，我们不能祈求在自己成功或辉煌之后就没有问题，我们不要祈求生活中没有问题，而应该在面对困难的时候说声：我能行。

两只青蛙在觅食，不小心掉进了路边一只牛奶罐里，牛奶罐里还有为数不多的牛奶，但是足以让青蛙们体验到什么叫灭顶之灾。

一只青蛙想：完了，全完了，这么高的一只牛奶罐啊，我是永远也出不去了。于是，它完全没有挣扎，很快就沉了下去。

另一只青蛙在看见同伴沉没在牛奶中时，并没有畏惧，而是不断告诫自己：上帝给了我坚强的意志和发达的肌肉，我一定能够跳出去，我能行！它鼓起勇气，用尽全力，一次又一次奋起、跳跃。不知过了多久，它突然发现脚下黏稠的牛奶变得坚实起来。原来，它的反复践踏和跳动，已经把液态的牛奶变成了一块奶酪。不懈的奋斗和挣扎终于换来了自由，它从牛奶罐里轻盈地跳了出来，重新回到绿色的池塘里，而那一只沉没的青蛙就留在了那块奶酪里，它做梦都没有想到自己会有机会逃出险境。

困境是对人生最大的考验，有些人战战兢兢，有些人临危不惧，有些人在困境中沉沦，有些人却从困境中崛起。

有一个年轻人非常想娶农场主漂亮的女儿为妻。于是，他来到农场主家里求婚。农场主仔细打量了他一番，说道："我们到牧场去。我会连续放出 3 头公牛，如果你能抓住任何一头公牛的尾巴，你就可以迎娶我的女儿。"

他们来到了牧场，年轻人站在那里，焦急地等待着农场主放出的第一头公牛。不大一会儿，牛栏的门被打开了，一头公牛向年轻人直冲了过来，这是他所见的最大而且是最丑陋的一头牛了。他想，第二头该比这一头好吧。于是，他跑到一边，让这头牛穿过牧场，跑向牛栏的后门。

第二头公牛冲了出来，然而，这头公牛不但体形庞大，而且异常凶猛。它站在那里，用蹄子刨着地，嗓子里发出"咕噜咕噜"的怒吼声。"哦，这真是太可怕了，无论下一头公牛是什么样的，总会比这头好吧。"年轻人心里想。

很快，牛栏的门第三次打开了。当年轻人看到这头公牛的时候，脸上绽开了笑容。这头公牛不但形体矮小，而且非常瘦弱，这正是他想要抓的那头公牛！当这头牛向他跑过来的时候，他看准时机，猛地一跃，正要抓住牛尾马，但是一这头牛竟然没有尾巴！

现实中有许多人就像故事中的主人公一样，对已经来到面前的机会没把握好，因为存在一定的困难就犹豫不决，可是转眼间就已经把机会给错过了。

人生道路上，困难就像一座山挡在路的中间，阻挡我们的去路，不同的人有不同的选择。知难而退的人，看了调头就跑；半途而废的人，爬山爬到一半就不爬了；面对挫折永不退缩的人，爬上了山顶，看到了山后面的世界。

人生犹如在大海的波涛中航行，有浮也有沉，千万不要因为眼前的困难而丧失信心和勇气，而应对困难说声：我能行！这样你才能鼓足勇气战胜困难，而在这个过程中所积累的经验和确立的信念将是你一生中最宝贵的财产。

在美国的一个小酒吧里，一位年轻小伙子正在用心地弹奏钢琴。说实话，他弹得相当不错，每天晚上都有不少人慕名而来，认真倾听他的弹奏。一天晚上，一位中年顾客听了几首曲子后，对那个小伙子说：“我每天来听你弹奏这些曲子，你弹奏的那些曲子我熟悉得简直不能忍受了，你不如唱首歌给我们听吧。”这位顾客的提议获得了不少人的赞同，大家纷纷要求小伙子唱歌。

然而，那个小伙子面对大家的请求却变得腼腆起来，他抱歉地对大家说：“非常对不起，我从小就开始学习弹奏乐器，从来没有学习过唱歌。我长年累月地坐在这里弹琴，恐怕会唱得很难听。”那位中年顾客却鼓励他说：“小伙子，正因为你从来没有唱过歌，或许连你自己都不知道你是个歌唱天才呢！”此时酒吧的经理也出来鼓励他，免得他扫了大家的兴。

小伙子认为大家想看他出丑，于是坚持说只会弹琴，不会唱歌。酒吧老板说：“你要么选择唱歌，要么另谋出路。”小伙子被逼无奈，只好红着脸唱了一曲《蒙娜丽莎》。哪知道他不唱则已，一唱惊人，大家都被他那流畅自然、男人味十足的唱腔迷住了。

在大家的鼓励下，那个小伙子放弃了弹奏乐器的艺人生涯，开始向流行歌坛进军。这个小伙子后来居然成为美国著名的爵士歌王，他就是著名的歌手纳京高。

当一个人心态消极，对自己的能力不抱期望的时候，就会使解决问题的成功几率大打折扣。那些平庸之辈是不会明白这个道理的，一遇到他们所不熟悉的事，即使并不困难，他们也往往会不假思索地说：这事根本行不通，诸如此类。正是这些颓废消极的想法，限制了这些人潜能的发挥，更无益于问题的解决，所以，他们与成功无缘也就不意外了。

有位退休老人说得很风趣："日出东海入西山，愁也一天，乐也一天；遇事不钻牛角尖，身也舒坦，心也舒坦。"多好的心态！我就把这句话送给你们。因为我知道，你们都很聪明，一定能从这句话里琢磨出一些东西。

既然愁眉苦脸是一天，高高兴兴也是一天，大家为什么不高高兴兴地面对每一天呢？又何必像上足了发条的机器呢？所以我劝大家，应该轻松地踏着生活旋律，快乐地享受每一天吧。

打个比方，很多同学把每天写作业看成是痛苦无比的事，总想着赶紧写完作业好去玩；可事与愿违，作业却总也写不完。于是，他们只好每天在痛苦中煎熬。其实，如果能换一种心情，把写作业看成是自己乐意干的事，安静地坐下来，细细琢磨每道题的解法，好好体验写字的感觉，而不是一心惦记着做游戏有多高兴，写作业有多苦恼，也许就能感受到学习的乐趣，学习效率也会大大提高，同时更让自己拥有一种成就感。

每个人都有面对困难的时候，这时的我们不要一味沮丧和绝望，因为，每一个困难的后面都蕴藏着成功的机会，沮丧和妥协只会使我们变得意志消沉、丧失斗志，从此一蹶不振。敢于挑战困难，向困难说声"我能行"，就会激发出我们内在的勇气和信心，最终找到克服困难的方法。

苏格拉底说："每个人身上都有太阳，只是要让它发出光来。"那么，困难就是自身发光的最好诱因。

告诉孩子逆境出英雄

"只有来自底层的人，才能把信念传到精神的顶峰。只有经过炼狱才能打通走向天堂的道路。"这是罗曼·罗兰的一句名言。人生的道路没有一帆风顺的，困难是任何人都会遇到的，有失才有得，没有失败考验的心理准备，闯荡不了多久就要走回头路了。只有不怕险阻，勇于进取，不放弃责任的人最终都会走出困境，得到远大的发展。

人们也常说，生命是自己的，想活得积极而有意义，就要勇敢地挑起工作中的重任，向高难度的工作挑战，这是对自己生命的提升，也是让人生价值最大化的一个快捷途径。

这样的道理同样适用于我们的工作。因为，做最困难的事才能显示你的能力和价值。

在现实中，许许多多的人虽然才华横溢却沦为平庸，其主要原因就在于心态。特别是在对待工作之中的困难和问题时，他们首先想到的就是逃避，自怨自艾。所以，这样的心态就使得本来多有才华的人们，没有任何工作成就，甚至一生都一无所成。相反，那些能如同前文所指敢于正视现实和困难的人，即使自身才华并不突出，也会因为能够用积极心态来看待困难和问题，而取得优秀成果，甚至是成就大事。

坚强的人能在与困难做斗争的过程中，不断激发出自身的潜能，向自我挑战。而软弱的人在面对困难时，连尝试一下的勇气都没有。如果说困难是人生中不可或缺的一个组成部分，那么，敢于面对困难和解决困难的人，就会一定会成为职场中的精英。

只有积极地进取才能够让我们从绝境之中闯出一条生路，怀着积极的心态去面对困难永远是我们战胜它的法宝，“狭路相逢勇者胜”，只要我们抱着必胜的信念，成功终将是属于我们的，精英都是在困难的磨砺中产生的。

精英都在困难中产生。没有经历困难的人就像是没有经过风吹雨打的花朵，过于娇嫩，在人生的道路上，他们容易夭折，他们不会是最后的胜利者。对于困难，我们不要通过主观想象去把它扩大，要勇敢地挑战它，克服它。成功不容易，但只要我们有自信去战胜困难，成功就不难。

提醒孩子别用想象把困难扩大

当不相信自己的人来到一座大山面前，他首先想到的是：天啊，它这样高，我的身体一向不够强壮，又怎么可能登上去呢？即使在攀登的过程中，他们也始终在想：我快要不行了，无论我再怎么努力，恐怕也只是白忙一场，还不如尽早停下来吧。

而那些积极而自信的人则会完全不同。当他们面对一座大山时，他们会认为：我一定能登上这座山，我的体力一向不错！在攀登的过程中，即使他们已经累得筋疲力尽，他们也会给自己打气：快到山顶了，我不能放弃，否则就会前功尽弃了！

如果让你选择，你会怎么选择呢？

有个国王非常残忍，不只经常草菅人命，甚至在每次处决死刑犯时，他都将之视为一种刺激和娱乐，想要不断尝试更新奇的花样。

一次，有一位犯人被告知自己第二天将要被处以极刑。行刑的方式是在他手臂上割一个5厘米大的伤口，让血一滴一滴慢慢流，直到他鲜血流尽而死。

犯人听了惊恐不已，要眼睁睁地看着自己的生命流逝，这简直比五马分尸更加残忍。犯人百般哀求，但国王却无动于衷。

隔天一大早，这名犯人被带到一个小房间中，并被五花大绑，牢牢地锁在一面墙壁上。墙上有个刚好可以伸进一条手臂的小孔，刽子手把他的一只手从孔中穿到墙的另一面，让犯人看不到自己的手。

接着，犯人感到一阵灼热的疼痛，刽子手在他的手臂上割开一个洞，并且在地上放了一个瓦罐来盛血。

“滴答……滴答……”鲜血一滴滴地滴进瓦罐中，四周安静无声。墙壁这边的犯人听着自己的血滴进瓦罐中的声音，一会儿就感觉像是过了一个世纪那么长。他觉得全身的血液都在朝着那只手臂涌去，像瀑布一样，越来越快地流向地上的瓦罐。

不一会儿，他觉得身体越来越冷，意志也随着鲜血消逝了。他手脚发软，整个人瘫了，再挣扎了几下就死了。

而在墙的那一边，他手上的那个小伤口早就不流血了。刽子手在靠近墙壁的桌子上放着一个水瓶，那些“滴答滴答”的声音，其实是水瓶中的水通过漏斗管子滴进瓦罐里的声音。

国王这次玩的花招叫作“心理暗示”。他用一种强烈的心理暗示，让犯人自己杀死自己。对于困难，我们也经常犯下同样的错误，我们经常把困难想象得过于强大。

每个人都知道在完成自己的目标之前，多多少少都会遇到困难，但却不是每个人在碰到困难时都会思考：这个困难，到底算不算困难？我们是不是把困难扩大化了呢？

有一个小人物叫罗宾，大学毕业后如愿进入了当地一家报社任记者。这天，他的上司给他布置了一项大任务——采访大法官布兰代斯。第一次接到如此重要的任务，罗宾反而愁眉苦脸起来。因为他觉得自己任职的报社不是当地的一流报社，自己也只是一个名不见经传的小记者，能否采访到大法官布兰代斯真的没有多大把握。

想到这些，罗宾思虑再三，决定找个借口推掉这项任务。不过，当上司听完他的推脱理由后，并没有批评他，而是拍拍罗宾的肩膀，说：“我很了解你现在的感受。让我来打个比方，这就好比躲在阴暗的房子里，想看看外面的阳光多么的炽热，最简单有效的方法就是积极地面对，跨出第一步。”

随后，罗宾的上司拿起了桌上的电话，与大法官的秘书接通了电话。电话里罗宾的上司直截了当地提出了请求：“我是某某报社记者罗宾，我奉命采访法官，不知他今天能否接见我几分钟。”很快，罗宾听到了上司的答话：“谢谢你，1 点 15 分，我准时到。”

罗宾的上司掂了掂话筒说："就这么简单，明天中午 1 点 15 分，你的约会定好了。"看了全部过程的罗宾开始似有所悟。

所以说，很多时候如果能换个角度看困难，用积极的心态去取代消极的思维，我们就会发现，那些问题其实微不足道，那些困难其实不算困难。

还有一个故事：

打从玛丽嫁到这座农场来的时候，那块石头就已经在这里了。石头的位置刚好位于后院的屋角，而且是一块形状怪异、颜色灰暗的怪石。它的直径大约一公尺，从屋角的草地里突出将近两厘米，如果不小心的话，随时都有可能被它绊倒。

有一次，当玛丽使用割草机清除后院的杂草时，不小心碰到了石头，割草机高速连转的刀片就这样被碰断了。因为石头常常造成不便，所以玛丽就对丈夫说："能不能想个办法，把这块石头挖走呢？"

"不可能挖起来的。"丈夫这么回答，玛丽的公公也表示同意。

"这个石头埋得很深。"公公对玛丽说，"从我小时候，这块石头就在这里了，从来没有人尝试把它挖起来。"

石头就这样继续留在后院里。年复一年，玛丽的孩子们出生，然后成家，接着是玛丽的公公去世，到最后，玛丽的丈夫也去世了。

在丈夫的葬礼过后，玛丽开始打起精神清理房子，这个时候她看见了那块石头，因为它的关系，周围的草坪始终无法生长良好。

于是玛丽拿出了铁铲和手推车，准备花上一整天的时间挖走这块石头。没想到才过了十几分钟，石头就已经开始松开，而且一会儿工夫就被玛丽给挖出来了。

原来，这颗石头只不过几十厘米深而已。于是，这块原本每一代都认定没办法移动的石头，就这样简单地被移走了。

如果玛丽没有亲自动手去做，关于这块石头困难的"神话"，或许也就这么继续流传下去了。困难到底是不是困难，必须动手去做才会知道。如果你总是胡思乱想地把困难想象很厉害，那么这个世界对你而言，将会是个被重重"困难"包围的可怕环境，而你，永远也无法破除困难，往前再进一步。

看看这个在学校里发生的故事。

那天的风雪真大，风呜咽着四处搜索，外面像是有无数发疯的怪兽在呼啸厮打。大家都在喊冷，学生们读书的心思似乎已被冻住了，一屋的跺脚声。

鼻头红红的布鲁斯老师走进教室时，说："请同学们放好书本，我们到操场上去。"

学生们不明白，这么冷的天气，干吗到外面去受冻？

矮了许多的篮球架被雪团打得"啪啪"作响，卷地而起的雪粒雪团呛得人睁不开眼，张不开口。脸上像有无数把细窄的刀在刺在划，厚实的衣服像铁块冰块。学生们挤在教室的屋檐下，不肯迈向操场半步。

布鲁斯先生没有说什么，面对学生们站定，脱下羽绒衣，线衣脱到一半，风雪就帮他完成了另一半。"到操场上去，站好。"布鲁斯先生脸色苍白，一字一顿地对学生们说。

谁也没有吭声，学生们老老实实地到操场排好了三列纵队。

瘦削的布鲁斯先生只穿一件白衬衫，衬衫紧裹着的他更显单薄。

学生们规规矩矩地立着。

30 分钟过去了，布鲁斯先生平静地说："解散。"

回到教室，布鲁斯先生说："在教室时，我们都以为自己敌不过那场风雪，事实上，叫你们站半个小时，你们也顶得住，叫你们只穿一件衬衫，你们也顶得住。"

在那个风雪交加的时候，在那个空旷的操场上，他们学到了人生重要的一课。面对困难，许多人戴了放大镜，但和困难拼搏一番，你会觉得，困难不过如此。

生活中，我们经常干一些通过主观想象把困难扩大化的蠢事。

在困难面前，许多人望而却步，他们忍不住怀疑自己，认为自己无力跨越。而成功的人士往往非常清楚：只要敢于和困难拼搏一番，就会发现，困难不过如此，关键是你有没有这样的勇气。

三、下一站——成功

遭遇挫折是人生必经之路。当挫折到来的时候，我们没有别的选择，只能接受这不可避免的事实，做好准备，面对现实，自我调整。平心而论，谁也不希望经受挫折，哪怕它真的锻造人的品质，磨炼人的意志，也不会有人欢呼：“啊，我多么喜欢挫折呀！”人们总是向往平静与安宁。然而，不幸的是，挫折来袭，不以人的主观愿望为转移，不论人们喜好与否，它依然我行我素，强加于人的身上，谁也奈何不了。

荷兰阿姆斯特丹有一座15世纪的教堂，在教堂的门柱上有这样一句警策人心的话：“事必如此，别无选择。”对于任何一个人来说，一味地消极逃避都可能毁掉他的生活，也会使他精神崩溃。海明威曾说过：“一个人并不是生来要给打败的，你尽可把他消灭掉，可就是打不败他。”人完全有能力振作起来迎接挑战。挫折是生命的养分，对抗挫折是人生的最佳选择。磨炼对于我们来说，是攀登阶梯，虽然上面充满荆棘，但在阶梯的尽头，充满鲜花和掌声，踏着这些荆棘，必然到达胜利。

挫折是人生的资本，是一笔珍贵的财富。没有人会不劳而获，在走向成功的路上，要付出汗水，要勇敢地面对挫折与失败，从失败中培养成功。挫折与失败，是通往成功的两块最牢固的垫脚石。若接受它们，利用它们，便没有别的障碍阻挡前进。

把每一个“失败”先生与“成功”先生相比较，你会发现，他们在年龄、背景、职业等方面都可能相同，唯独有一个例外，就是他们对遭遇挫折的反应不同。当“失败”先生被挫折绊倒时，他要么会趴在地上骂个没完，要么颤颤巍巍地站起来，往回走，以免前方再有挫折让他跌倒。“成功”先生的反应可不是这样，虽然他也被挫折绊倒，但是他会立即反弹起来，拍拍身上的土，不停地往前观望，准备迈步继续向前。经过了一路上的艰难困苦，他终于到达了终点。

在我们的周围有很多“失败”先生，他们畏首畏尾，幼稚胆怯，遇到困难，一点主见也没有，不敢面对，无法解决，一辈子浑浑噩噩、碌碌无为。而他们对自己平庸人生的解释是“命不好”“没有运气”，希望可以得到他人的同情，殊不知在别人的眼中，他们像婴儿一样软弱、单薄，经不起一点风雨，也因此不会变得更伟大、更坚强。

而我们的“成功”先生，他们昂首挺胸、英勇无畏，遇到挫折，运筹帷幄、坦然面对、泰然处之。他们能够化挫折为力量，从失败中汲取教训，仔细研究跌倒的原因，进而走向成功。他们对自己辉煌人生的解释是“我还不够努力”“感谢苦难挫折”，希望激励自己不断进步，变得更强大。

培养孩子百折不挠的精神

“结果就在下一次”，“成功就在下一次”。许多历经挫败而最终成功的人，总能在最为艰难的时候树立“成功就在下一次”的信念，并坚持到底。所以，我们才说，不要抱怨播下去的种子不发芽，只要你精心呵护，总会有收获的那一天。

人的一生经常会遇到各种危难情景，面对此景此情一时却又无能为力，唯一的办法就是咬紧牙关，坚持下去。风雨过后才能见彩虹，的确，相信自己，更要坚持到底。

有一句名言是这样说的：“遇事绝望，这正是很多人失败的根源。成功更多依赖的是人的再一次的尝试而不是天赋与才华。”

比尔·波特告诉我们：“要看到积极的一面，没有实现理想之前永远不要放弃。”

在那些成功人士的眼里，这个世界上从来就没有办不成的事，即使遭遇挫折，甚至巨大打击，他们仍然可以找到一种解决问题的方法。他们的原则是，事情看似无望时还要坚持再尝试一次，任何问题只要你继续不断地用心去找，终会把问题解决的。就像蜘蛛结网，风吹落了网丝，就咬紧牙关接着结网，最终会达到目的的。

在大多数的情况下，带给那些成功人士金钱与地位的，往往不是他们自以为是、拼命努力要人认可的特点，而是不怕失败的心态让他们抓紧向着一个方向，锲而不舍，直至最后成功的执着。

水烧到 99℃不算开，最后只要再加热 1℃，就能突破物理形态的临界线，从液态变为气态。走完了 99 步，人们都说最后一步最难迈，最难走。其实这最后一步和 99 步的每一步没有什么两样，只是人们在迈这一步时自己吓唬自己，容易放弃，不去坚持罢了。无论做什么事，只要敢于坚持，决不放弃，那些不可能的事，也会变为可能。

想想我们做过的事，你就会发现，无论做什么事，都要经历一个过程，越是重大的事，经历的过程就越长。从事情的开始，到事情的终了，然后又是一个开始，又是一个终了。在这一个个过程中，会有开始时的期望和喜悦，接着会有很多困难和挫折，然后更多的时候可能是你一再努力，但却无法看到成功的曙光。这时候正是“胜利女神”考验你的时候，就看你有没有毅力，坚持下去。

培养孩子从零开始的心态

人生就像一块巧克力，只有吃了它，你才能知道它的滋味。也许你也曾梦想拥有财富，成为一个受人尊敬的成功者，可是，因为害怕失败的打击，你根本就不敢尝试去做，所以你的梦想只不过是纸上谈兵罢了。

泰国商界的风云人物施利华，曾是一家股票公司的经理，他呕心沥血为公司赢得了几个亿的利润，自己也因此发了家。后来他转做房地产，把自己所有的积蓄全都投了进去，但时运不济，1997 年的金融风暴让这个昔日的亿万富翁一夜之间变得一无所有，还负了一身的债。面对命运的无情捉弄，他却说了这样一句经典的话：“如果没有这次的失败，我就没有机会享受从头做起的快乐，更没有时间享受和爱人一起吃苦的幸福，所以我得感谢这次失败。”与众不同的思维注定了他以后的成功。后来，他不但创出了独特的“施利华三明治”，而且生意越做越火。

失败并不可怕，可怕的是你失去了面对失败的勇气。不可否认，失败会带给我们一度的消沉，但那只是暂时的。当失败过后，我们会变得坚强，变得懂事，变得成熟，变得更有魅力；当失败过后，我们才觉得，失败的降临就像是岁月早已为自己设定的一份缘，是我们成长中必不可少的甘露。所以，我们不得不感谢失败带给我们的宝贵的经验，不得不感谢失败带给我们一生的财富。

小泽征尔少年时代就很有音乐天赋，他立志将来一定要成为列昂尼德·克鲁采尔那样的指挥家。

1951 年 4 月，小泽征尔考入了桐明高中的指挥专业。高中毕业后，他到欧洲深造。从马赛到巴黎，他感受到了艺术之乡的巨大魅力。他在贝桑松国际指挥比赛中获奖，并且连续两次赢得了伯克郡音乐节和卡拉扬主持的指挥比赛奖。

世界著名指挥家卡拉扬很欣赏小泽征尔，并亲自指点过他。在巴黎的两年里，小泽征尔进步很快，并受聘于纽约爱乐乐团和美国最大的演出公司——哥伦比亚艺术公司，成了一名乐队指挥。

1962 年，小泽征尔刚刚从巴黎返回日本，并受聘担任日本广播公司交响乐团的常任指挥。可是，乐团中的一些成员对年轻的小泽征尔很不服气，相比较而言，他们更崇拜德国著名指挥家富尔特文格勒的指挥风格。因此，他们拒绝参加演出，在空荡荡的剧场里，只有小泽征尔一个人站在指挥台上。他没有想到，在国外历尽千辛万苦学到的本事，回到自己的祖国却遭到如此的冷遇，这简直是一个奇耻大辱！

愤怒之余，小泽征尔毅然离开了祖国，开始了他的漂泊生活。他来到了美国，除了潜心学习之外，还担任了芝加哥乐团维尼亚青年节的指挥，同时，他还兼任加拿大多伦多乐团的指挥。丰富的阅历使他的指挥技艺更加精湛了，5 年之后，他离开了美国，开始在世界各地旅行。

各种不同的音乐流派、艺术风格他都接触过，并经过他的博采众长、整理加工，逐渐形成了他自己的风格。此后，小泽征尔真正地出名了，舆论界称他为“当今世界著名指挥家”。

尽管如此，小泽征尔仍然对自己严格要求：每天凌晨 1 点左右睡觉，早晨 5 点起床。除了指挥演奏会以外，他把大部分时间都用在了研习乐谱上。

1972 年，小泽征尔被聘担任了波士顿交响乐团的常任指挥，终于通过自己的艰苦努力，登上了世界音乐高峰。

如果没有当初的“晾台事件”，会有今天的小泽征尔吗？如果小泽征尔没有面对失败的勇气，他今天还能够敲开波士顿交响乐团的大门吗？

小泽征尔有着足够的心理准备和心理承受能力，在失败面前他没有退缩，而是把失败踩在脚下，创造出了一个奋斗者的神话。

永不屈服、百折不回的精神是获得成功的基础，失败并不可怕，可怕的是没有承受挫折的能力。

的确，大多数年轻人颇有才学，具备成就事业的种种能力，但他们的致命弱点是缺少从头再来的勇气，所以，终其一生，只能从事一些平庸的工作。他们往往一遭遇微不足道的困难与阻力，就立刻退缩，裹足不前，这样的人怎么可以担当重任呢？

第九章
学习自我管理

一、管理自我从修身养性开始

二、求人不如求己

三、金的人格与铁的纪律

一、管理自我从修身养性开始

让孩子学习舍得的智慧

人们常说“舍得”，舍得、舍得，有舍才有得。培育孩子也是同样的道理，什么都想学，往往什么都学不精；什么都想得到，往往得不偿失。

近日，一家报纸刊出一条消息：《家长望子成龙，学生考证成风》，讲的是南京五年级一名小学生“怀揣”各种证书44份。据他的父亲介绍，孩子从三岁第一次登台演出以来，参加的各式各样的演出和比赛不下百次。当记者问他“有没有考虑到孩子的承受能力”时，他苦涩地笑了笑说：“我们不想失去任何一个孩子可以得到锻炼的机会，因为每一份证书的取得对孩子都会有所帮助，相信孩子会明白我们的苦衷。”

美国作家梭罗说得形象：“我们的生命都在芝麻绿豆般的小事中虚度，毫无算计，也没有值得努力的目标，一生就这样匆匆过去，因此国家也受到损害。”

法国一家报纸进行智力竞赛时有这样一个题目：

如果卢浮宫失火，当时情况只可能救一幅画，那么你救哪一幅？

多数人都说要救达·芬奇的传世之作——《蒙娜丽莎》。结果呢？在成千上万的回答中，法国电影史上占有重要地位的著名作家贝尔特以最佳答案赢得金奖。

他的回答是：“我救离出口最近的那幅画。”

这个故事说明一个深刻的道理，成功的最佳目标不是最有价值的那个，而是最有可能实现的那个。

在人生的路上，放弃什么，选择什么，是一门艺术。有时，放弃就是获得。

那么，你到底要什么？这是所有的父母和孩子都必须认真思考的问题。有这样一个例子：

北京一所重点中学的教导主任孙先生，就经历了这样一场痛苦的抉择。

孙先生的女儿曾在他任教的中学读初中快班。女儿学习基础较差，成绩一直上不去。为此孙先生压力很大，认为自己很没面子，便一再给女儿施压。女儿学习情绪越来越低落，几度产生转学的念头。中考时，她坚决要报考中专。父女俩为这件事产生了激烈的冲突。

是尊重女儿的选择，还是坚持自己的想法？在这场痛苦的抉择面前，父亲最终选择了前者。女儿进入了她理想的中专。

情况发生了意想不到的变化。女儿上中专后，学习情绪高涨，在班级里名列前茅，人了团，还当了班长。女儿的变化，让父亲吃惊。他本以为女儿在自己身边，近水楼台，能够得到更多的关照，谁想身边有一个当主任的爸爸，对于成绩不佳却上快班的女儿来说，不但没有成为资本，反而成了压力与负担。离开父亲这棵大树，她反而找到了感觉，找到了目标。

人要学会“舍得”，不能企盼“全得”。拥有的时候，我们也许正在失去，而放弃的时候，我们或许重新获得。明白的人懂得放弃，真情的人懂得牺牲，幸福的人懂得超越！安于一份放弃，固守一份超脱，这就是人生。

人们常说“金无足赤，人无完人”，这个世界上没有十全十美的人，每个人都或多或少有缺点，会犯错误，同时，人的本能、欲望都是先天的，这时就需要法律条规来规范人的行为，需要自律来约束自我行为。我们知道，一个人一旦失控，做事随心所欲，一发不可收拾，后果必将不堪设想。然而，从伦理角度看，一切的法律条规都是“他律”，只有发自内心、积极主动的“自律”管理，才是真正解决问题的途径。自律就是一种自我节制，自我约束，作为一种能力，控制人的行为，尤其控制人的性格和欲望。一个自律的人，懂得自爱自省，善于控制自己。自律，能使人自知，养成良好的行为习惯；也能使人自我挑战，自警自勉。同时，自律作为一种觉悟，是道德修养的起点。人最难打败的是自己，所以自律的人总是经常检查自己的言行举止，纠正错误，改正缺点，不断进取。

自律，是一种以积极主动的态度解决问题的原则，它包含着承担责任、尊重事实、保持平衡的素养。在漫长的人生道路上，懂得如何自律，对于成功具有重要意义。

每一个取得卓越成绩的人都是善于自动自发进行自我管理的典范。关于自我管理，著名作家杰克森·布朗曾做过这样一个有趣的比喻："缺少了自我管理的才华，就好像穿上溜冰鞋的八爪鱼。眼看动作不断可是却搞不清楚到底是往前、往后，还是原地打转。"

如果你确信自己有几分才华和能力，也确实努力了很久，但却看不见多少成果，那么你就有必要检验一下自己的约束能力和管理能力了。想要获取大的成功，坚持一生的自我修炼与自我管理是必不可少的。

众所周知，本杰明·富兰克林是美国智慧与财富的化身。然而，这个少年时代只读过两年书，在工厂当学徒的印刷工人，在多年之后，却成为美国《独立宣言》的主要起草人，享誉世界。此外，他揭开了雷电之谜，发明了避雷针，被人誉为"第二个普罗米修斯""电学中的牛顿"。而且他还具有非凡的商业能力，积累了大量的财富，建立了美国第一个公共图书馆，同时创办了美国著名的宾夕法尼亚大学。

这样的传奇人物，究竟有什么秘诀令他的一生如此辉煌呢？人们发现，在富兰克林的口袋中，始终装着一个小本子。小本子上，是他为自己设计的一个13项美德落实检查表，他每天都会仔细检查自己的行为，如果落实了，他就在相应的美德下面画一个红点；如果没落实，就画一个黑点，并回忆反思自己当时为什么没有遵照执行。就这样，日复一日、年复一年，经过多年的修炼，这13项人生信条变成了富兰克林卓越人生的习惯，这些崇高的美德终于在他身上成为现实。与之相伴的是，富兰克林的伟大英名和历史功勋将永远镌刻在世界历史上。

为了给后人留下这笔宝贵的遗产，富兰克林在79岁高龄时，花了几天几夜时间，用了整整15页纸，记述了他这项伟大的人生发明。他确信这些信条能够带给后人成功与幸福。他希望自己的子孙后代都能效仿这种方式，并有所收益。伟大的事业未必有轰轰烈烈的开始，点滴的积累和持之以恒的行动，才会成就人生的辉煌。这就是举世闻名的“富兰克林13项人生信条”，具体包括：

（1）节制：食不可过饱，饮不得过量。

（2）缄默：避免无聊闲扯，言谈必须对人有益。

（3）秩序：生活物品要放置有序，工作时间要合理安排。

（4）决心：要做之事就下定决心去做，决定做的事一定要完成。

（5）节俭：不得浪费，任何花费都要有益，不论是于人于己。

（6）勤勉：珍惜每一刻时间，去除一切不必要之举，勤做有益之事。

（7）诚恳：不损害他人，不使用欺骗手段。考虑事情要公正合理，说话要依据真实情况。

（8）公平：不做损人利己之事，履行应尽的义务。

（9）适合：避免任何极端倾向，尽量克制报复心理。

（10）清洁：身体、衣着和居所要力求清洁。

（11）平静：戒除不必要的烦恼。包括一些琐事、常见的和不可避免的不顺利的事情。

（12）贞节：少行房事，绝不使身体虚弱，生活贫乏，除非为了健康或后代的需要。不可损坏自己或他人的声誉或者安宁。

（13）谦逊：以耶稣和苏格拉底为榜样。

就是这些看似简单的人生信条伴随着富兰克林，成就了他伟大而卓越的一生。同时，他这种终身恪守人生准则的坚韧与毅力激动着一代又一代人努力完善自我，走向成功。

有这么一个小故事：

妈妈正在厨房里做饭，忽然客厅里传来4岁儿子的声音——

“妈妈！快来帮我呀！”

妈妈不知出了什么事，忙跑到客厅。她发现儿子的手卡在花瓶中了，儿子痛得哇哇叫。

妈妈想帮儿子将手从花瓶中拉出来，可试来试去就是不行。看着儿子流泪的小脸，妈妈心疼坏了，马上找来锤子，小心地把花瓶敲碎了。

儿子的小手终于出来了，妈妈发现原来儿子的小手一直攥着呈拳头状，难怪无法从花瓶口拿出来。

妈妈轻轻掰开儿子的拳头，却惊讶地发现在儿子的小手心里躺着一枚5分钱的硬币。

她忍不住问儿子：“你怎么不把手松开，放下硬币呢？那样你的手就可以出来了！”

儿子却理直气壮地回答：“妈妈，花瓶那么深，我怕一放手，它就跑掉了啊！”

妈妈哭笑不得。因为为了这一枚5分的硬币，她不得不敲碎了价值3万元的古董花瓶。

这个故事听上去可笑，但笑过之后却不由得感叹，这种现象也经常在成人身上发生。很多人将手中的成就、权力、利益、面子、学识……抓得太紧，无论如何也不肯放手，最后却因小失大，甚至导致了悲剧的发生。

懂得放弃是一种智慧。为了达到目标，我们必须学会放弃一些欲望。人生的许多东西都是多余的，得到你该要的、该有的就够了，剩下的忘掉。舍弃了过多的累赘，你豁然开阔了眼界，将会发现人生中更多更美的，也就学会了在简单的生活寻找快乐。

让孩子远离完美的陷阱

我们应努力追求完美，但不应苛求完美，因为完美就像一朵妖艳的罂粟花，只能观赏，不能把玩。

一头年幼的狮子梦想成为草原上最出色、最完美的狮子。它在捕猎时发现自己的耐力远不如羚羊，通过观察得知羚羊的耐力与吃草有关。为了克服缺点增强耐力，小狮子便改变自己的生活习性，开始食草为生，结果身体越来越虚弱。

狮子妈妈知道后对小狮子说：“我们狮子家族之所以能称霸草原是靠突出的优点，而不是因为我们没有缺点。我们敏锐的观察力、卓越的爆发力、锋利的牙齿和准确的扑跳动作都是别的动物所无法比拟的，没有缺点的狮子是不存在的。”

小狮子听了妈妈的话，尽力发挥自己的优点，几年后，终于成为一代优秀的狮王。

世界上没有十全十美的东西，也不存在毫无缺点的完人。但我们在认识自我、看待别人时，仍然习惯于追求完美，对自己求全责备，对别人也要求样样都好。但事实上，即使伟人、名人也不是十全十美、无可挑剔的。

美国“发明大王”爱迪生一生共有 1000 多项发明，但他在晚年却固执地反对交流输电，一味主张直流输电，阻碍了科学技术的发展。电影艺术大师卓别林创造了生动而深刻的喜剧形象，但他却沉迷于无声电影的世界，极力反对有声电影。

美国作家哈罗德·斯·库辛写过一篇《你不必完美》的文章，文章的大意是这样的：他不小心在孩子面前犯了一个错误，感到非常惭愧。因为害怕自己在孩子们心目中的美好形象受损，他极力掩盖着错误。在对与错、诚实与谎言的煎熬下，他感到非常痛苦。终于有一天，他决心放下自尊，勇敢地向孩子们承认自己的错误。孩子们不仅没有轻视他，反而因为他的坦诚，比以前更爱他了。他由此发出感叹：人犯错误在所难免，那些经常有些错失的人往往是可爱的，没有人期待你是圣人。

所谓“金无足赤，人无完人”，如果你一心追求自己的完美，就会陷入误区。我们不能苛求自己的一切完美，我们应坦诚面对自己的缺点，容许自己犯错，在不断完善自我的过程中去追求完美。

上帝不喜欢完美，所以每个人的出生都伴随着或多或少的缺点和缺陷。有的人天生矮小，有的人生来肥胖，有的人头发枯黄，有的人走路一瘸一拐。这些缺陷并不可怕，可怕的是人们会不自觉地沉湎其中，为此苦恼、为此悲观，大大影响自己的生命质量。

教孩子学会欣赏自己

在上帝眼里，每个人都是一件完美的艺术品，优点和缺点的搭配，形成一种和谐的统一。但在我们眼里，自己却是一件粗糙的半成品。对镜自怜时，我们忘记了自己的豁达大度，只计较自己长得不够漂亮；我们看不到自己光洁的皮肤，只注意皮肤上浅浅的雀斑；我们忽视自己高挑的身材，只抱怨自己的上半身过长，等等。

一个人首先应该学会欣赏自己。卡耐基说过一段耐人寻味的话："发现你自己，你就是你。记住，地球上没有和你一样的人……在这个世界上，你是一种独特的存在。你只能以自己的方式歌唱，只能以自己的方式绘画。你是你的经验、你的环境、你的遗传造就的你。不论好坏与否，你只能耕耘自己的小园地；不论好坏与否，你只能在生命的乐章中奏出自己的音符。"

世上没有两片相同的树叶，也没有两个相同的人，我们每个人都是独一无二的。每个人都有自己的优点和长处，也有自己的弱项和不足，我们看待自己时，要多看自己的优点和长处，坦然面对自己的缺点和不足。一个人只有充分地接纳自我、欣赏自我，才能有良好的自我感觉，才能自信地做人、做事，才能充分发挥自己的才能和潜力。假如一个人不懂得欣赏自己，总是以怀疑的、否定的态度看待自己，就有可能在自卑和自怜中限制甚至扼杀自己的生命力。

所以父母在给孩子选择的权利和鼓励孩子冒险时，无疑会使孩子时不时犯些错误。事实上，这些犯错体验，也是孩子树立自信心的必修课。孩子犯错时，父母不要横加指责，而应帮他找出改正错误的方法。这样不仅不会伤害孩子的自尊，还会使他明白，接受和改正错误是件很容易的事情。

父母应该给予爱和足够的关注，让孩子知道不管他好看与否，健康与否，父母都会爱他，这将是孩子自信心滋长的最佳土壤。作为父母，应该慷慨地给孩子爱，更多地拥抱他、亲吻他。在帮他改正某个错误时，明白地告诉他，你不能接受的是他的行为，而不是他这个人。尽量抽出时间，陪陪孩子，这样会让他感觉到来自父母的重视。保持与孩子眼睛平行的交流，这会清楚地告诉他，你是在认真关注他。

同时还要尝试各种体验，支持孩子在安全状态下探索新鲜事物，尝试各种体验。尽管这些冒险行为会有多次失败，然而，不去尝试就永远也不会成功。面对孩子的失败，父母如果能在自己“帮助和保护孩子”的愿望和孩子完成冒险的需要之间找到平衡点，将会有利于孩子建立良好的自我意识。

二、求人不如求己

自信的人生更美丽

古人曰：“智者无忧，勇者无惧，仁者无敌，义者无顾。”短短 16 个字，体现了内心力量的强大。

一个自信的人，首先具有一颗强大的内心。自信不应该依附于外物，而必须源于自我本身。试想，如果一个人是因美丽而自信，那当她年老色衰时怎么办?

如果一个人是因为金钱而自信，那万一他哪天钱财耗尽怎么办？如果一个人是因为权力而自信，那万一权力不能长久怎么办？

真正的自信是一种对自我的笃定和认可．可以让自己无论在什么情况下都昂首站立，将命运掌握在自己手中。

纽约的公园里，几个白人小孩正围在卖氢气球的老爷爷身旁。他们买了许多五彩缤纷的氢气球，然后笑着、叫着，把它们放飞到天上。

一个衣着破烂的黑人小孩羡慕地睁大眼睛，看着那些美丽的气球，眼中闪着泪花。

老爷爷蹲下身，慈爱地问黑人小孩："孩子，你要不要也买一只气球呢？在放飞它的同时，可以许一个愿望，它会将你的愿望传达给上帝的。"

黑人小孩咬着指甲，小声问："那，我可以买一只黑色的气球吗？"

老人帮他取下气球，又问："你要我帮你把它放到天上，飞到上帝那里去吗？"

黑人小孩惊讶地睁大了眼睛："爷爷，黑色的气球也能飞上天空吗？也能飞到上帝身边吗？"

老人盯着他的眼睛，认真地说："当然。孩子。你要记住，气球能不能飞起不在于它的颜色，而在于它里面的氢气。因为无论哪种颜色的气球，在上帝眼中都是一样的。"

成就与出身、种族无关，与信心有关。这个世界是由自信的人创造出来的，唯有自信，才能让人积极地去努力、去争取，从而登上成功的山峰。

相信自己独一无二

每个人都是上帝的杰作，都是世界上无可替代的唯一。有史以来，无数人曾生活在地球上，但在你之前，从来不曾有过你。

每个孩子的生命都是与众不同，独一无二的！"请不要强迫我按照此前模式去生活。"这是许多孩子的心声。父母强迫孩子放弃他们的思想，而总是试图用自己的思想来改变和填充他们的头脑。父母想塑造孩子的性格、头脑、品质，好像孩子们仍是一块很软的橡皮泥，任他们去捏。从孩子的观点来看，这就是专制。这并不意味着父母不能影响和引导他们，而是意味着他们不能强迫塑造孩子。孩子的不听话、反抗，有时就来自于对这种专制的对抗，并不是你说的没有道理，或者他没有听懂你的道理。

做父母的其实早就应该懂得，每一个孩子都有自己的创造性，每一个孩子都会对他遇到的事情做出反应，每一个孩子都在努力塑造自己。因为他们生来就是独一无二的。作为父母，责任是引导孩子，他们需要时时检查自己是怎样引导孩子的。要正确引导孩子，应对他们有细致的观察，了解他们的行为目的、情感愿望，如果发现他们想什么，就会对他们有了更深的理解。比如，苏茜能把钢琴弹得如梦一般，保尔能把破收音机整旧如新……但一纸书面的智商测查值并没有反映出他们的能力，反倒往往使这样的孩子遭了殃。实际上，孩子往往具有许多专家们测查不出来的能力。

波士顿大学医学院神经学教授霍毕德·加德纳做了创造性的研究，认为孩子有六种基本能力，他们在受到鼓励以后，至少会在其中一个方面得到发展。如果他们这样做了，就会发现，每一个孩子都有不同的特点。如果没有这样的发现，就应该反思父母了解、观察孩子的方法。

一位老师问自己的学生知不知道“独特”这个词的意思，最简单的一个定义，就是“自成一格”，这位老师告诉学生，他们就是“自成一格”。全世界没有人有跟他一样的想法，也没有人有跟他完全一样的家庭，上帝把孩子创造成为一个非常特别的人，每个人都应该为此感到自豪。但是，我们的父母是否意识到这一点呢？和家里的沙发、地毯比较起来，孩子的价值当然应该高出许多许多，这是谁都懂的道理，可是，每次孩子把牛奶洒在沙发上或者地上的时候，父母们不是都责骂自己的孩子，然后把他们赶在一边，很心疼地收拾残局，而全然不顾孩子的感受。教育的目的就是让孩子认识到自己的价值，让父母认识到孩子的价值，并去珍惜它。

你就是自己的上帝

生活就像一杯没有加糖的咖啡，喝起来是苦涩的，回味起来却有久久不会退去的余香。没有人陪你走一辈子，所以你要适应孤独；没有人会帮你一辈子，所以你要奋斗一生。与其用泪水悔恨昨天，不如用汗水拼搏今天。当眼泪流尽的时候，留下的应该是坚强。

在生活中当我们遭遇难题和困境的时候，往往会习惯性地求助于人，却忘记了自己才是最强大、最可靠的力量。在这个飞速发展的时代，没有什么是可以让你依靠一辈子的，这一点是父母应该引导孩子明白的道理。

天下大雨，一人在屋檐下躲雨。看到观音菩萨撑伞经过，便说："菩萨，你救苦救难、普度众生，带我一段吧。"

观音说："我在雨中，你在檐下，檐下无雨，你无须我度。"

这人便从檐下走出，说："现在我也在雨中，该度我了吧。"

观音说："你在雨中，我也在雨中，我不被淋是因为有伞，不是我度自己，而是伞度我。所以，你要想不被淋，就自己找伞去。"说完便走了。

第二天，这人遇到难事，便去庙里拜观音。走到庙里，发现观音像前有一个人正在参拜。等那个人参拜完毕抬起头来，他发现那人正是观音菩萨。

这人问："菩萨，难道你也有难处？"

观音说："人人皆有难，我虽是菩萨，也不例外。"

这人又问："那你拜自己有什么用？"

观音说："当然有用，求人不如求己。"

一个人要想有所成就，不要企图从外部找靠山，最踏实、最有效的依靠是自己。

求人是缺乏自信、缺乏魄力，求己是顶天立地、自强不息；求人是低头哈腰、低声下气，求已是坦坦荡荡、扬眉吐气。求人，得来的恩惠终究有限，且不知何时就会被人轻易拿去；求己，受益终身，积累的能力、财富永远属于自己。

人们经常说，千里马是因为有了伯乐慧眼识珠才能驰骋千里。那么，试想如果没有了伯乐，千里马该怎么办？我的答案是：做自己的伯乐！欣赏自己，相信自己就是一匹千里马。

当今社会人才的竞争太激烈了，守株待兔是等不来好机会的。如果你是一匹千里马，就不是被动地等待伯乐来发现你，而要主动地在伯乐面前驰骋一番，以实际行动证明自己的卓尔不群。孩子，你能做到吗？

与其怨天尤人、无所作为，不如能从点滴做起，用自己的努力来赢取属于自己的机会和成功。只是很多时候，我们过分地期望别人能给自己提供施展才能的机会，却忘记了自己应该首先在希望的原野上纵横驰骋，以此向他人证明自己是当之无愧的“千里马”。

人生在世，或许值得你欣赏的人很多，但你最应该欣赏的是你自己。欣赏自己不是自我陶醉，自我满足，而是一种超越，一种提升。相信自己，学会欣赏自己：欣赏自己的淳朴谦逊，欣赏自己的天真烂漫，欣赏自己的勇敢坚强，欣赏自己一切闪光点。不要去等待伯乐，我们要做自己的伯乐。

做自己的伯乐，挖掘自身的潜能，是优秀人才必备的素质。真正的千里马，只有在纵横驰骋中，才能显示出其卓尔不群的风采；真正的人才，只有在现实的磨砺中，才能闪耀出其与众不同的魅力。

三、金的人格与铁的纪律

阳光人格与成功

面对命运，你要改变自己。只要有了坚实的行动，你就有了改变。改变，它是所有事物发展的根本，也是你走向成功的第一步。

成功靠自己。有这样一些同学：不管她是“耳朵上打了6个耳洞”的城市女孩，还是因为贫困而失学的农村女孩；不管他是“一提到学习就犯傻，一提到爸妈就嫌烦”的“新新”人类，还是整天成为同学们嘲笑对象的农民工子弟，总之，每个人一开口几乎都是同样的一句话：生在这种家里，我真是倒霉透了！我怎么就那么命苦呢？每当这个时候，父母都应该告诉我们：“要相信自己，改变命运，全靠自己！”

小迪克是一个从小失去父母、一无所有的流浪儿。但是，他通过诚实的劳动和不懈的努力，逐步改变了自己的命运，最终成了一个成功的青年绅士、一个受人尊敬的人。我们一起来分享一下迪克感人的故事，同时分析一下他成功的秘诀。

1. 成功是目标，改变目标就改变了世界

原来的流浪儿迪克，成天穿着“华盛顿将军的上衣和拿破仑元帅的裤子”，破破烂烂、脏兮兮地游荡在街头，靠替人擦皮鞋挣钱填饱肚子。可是每回走在街上，他就觉得十分神气；每天只要能吃上饭，能在街头的木桶里睡觉，他就心满意足了。直到有一天，一次偶然的机会，他结识了有钱的男孩弗兰克，体验了一

天的绅士生活，这才第一次为自己的无知和邋遢感到羞愧。弗兰克送给他一套绅士衣服，虽然是旧的，可却彻底改变了迪克的形象。当人们不再用鄙视的眼光看他，对他彬彬有礼时，迪克第一次感受到了一种尊敬。于是，他心中有了新的目标——“将来我要成为一个受人尊敬的人”，过上“真正受人尊敬的生活”。正是这个目标，最终改变了小迪克的人生。

所以，目标对人的一生是十分重要的。正如高尔基讲的那样：“不知道明天该做何事的人，是很不幸的。”要我说，目标对成长中的你更加重要！无论你是贫穷还是富裕，如果少年时期就能树立起人生的目标，便犹如在心中播种了一个太阳，一个带给人希望的太阳，一个带给人力量的太阳。这个太阳，能够把你带进一个光明的世界。

2. 成功是一种态度，改变态度就改变了命运

小迪克是个诚实正直、勤劳上进、乐观热情的孩子。他从不撒谎骗人，也不偷东西，还很乐于热心帮助别人。小伙伴有困难，他更是经常解囊相助。这些优秀的品质，让他拥有了真正的朋友。但是，由于没有受过教育，又整天在街头上流浪，迪克也沾染了一些坏毛病，比如自由散漫、抽烟、赌博，有了钱就去百老汇，将平日里辛辛苦苦挣的钱，大手大脚地全部花光……可是，自从迪克确立了过“真正受人尊敬的生活”这一目标后，就“下决心改变自己”。首先他改变了自己的生活态度，开始去银行存钱，花钱租房子住，不再露宿街头；他还学会了自我约束和节俭，让每一分钱都用得其所。正是这种积极的人生态度，最终使小迪克告别了流浪儿的生活，“逐渐享受到不断改善自己和拥有一些财富的快乐”，过上了“真正受人尊敬的生活”。

你们看，成功是不是一种态度、一种感觉？你一旦改变了自己的态度，由消极变为积极，由自我放纵变为自我约束，最终就能改变命运。

3. 成功是一种开发，改变内存就改变了生活

小迪克是个十分聪明的孩子。由于他从小失去父母，流浪街头，失去了上学的机会，所以大字不识几个，就连自己的姓名也拼写得歪歪扭扭。但是，自从他向往过“真正受人尊敬的生活”开始，心中第一次有了学习知识、开发自己的强烈愿望。于是，他以免费住宿为报酬，请有文化的小擦鞋匠弗斯蒂克做了自己的“家庭教师”。从此，他白天去街头擦皮鞋，晚上就在油灯下学文化，再也不去剧场和百老汇鬼混了。当一起流浪的小伙伴问他：“你怎么能学得进去呢？”他的回答是：“只要你想，你就会学。”经过刻苦的学习和不懈的努力，小迪克最后终于成了一个“有教养的年轻绅士”。

所以，人是最有潜力的，并且这种潜力是可以开发的。小迪克清楚自己没有优越的条件，只能依靠自己，因而最大限度地努力开发了自己。结果，他成功了！“只要你想，你就会学”这句话，也可以看作是他与命运抗争，并最终取得成功的最重要的秘诀。

当然，成长离不开环境的影响，进步也离不开大人的帮助。在小迪克与命运的抗争中，他不仅依靠自己的努力，还虚心地接受了长辈的指点。

面对命运，你要相信自己。只要树立了人生的目标，你就有了希望。希望，它是所有成就的出发点，也是你走向财富的第一步。

走出别人的光环

两个天使外出旅行，天色向晚时乔装改扮到一个富有的家庭借宿。这家尽管房间很多、衣食富足，但并不欢迎他们，勉强答应他们在地下室过一夜。两个天使铺床准备睡觉时，较老的天使发现墙上有一个破洞，就施展法力把它修补好了。

第二天两人继续赶路，天黑时两人来到一个非常贫穷的农夫家。女主人正在生病，但女主人善良而热情，把仅有的食物拿出来款待他们。第二天一早，两个天使被哭泣声惊醒，原来是农夫家的奶牛死了，这对于这个贫苦的家庭来说可谓

雪上加霜。年轻的天使感到愤怒，第一个家庭富有而冷漠，可老天使还帮他们修补墙洞；第二个家庭贫穷而善良，可老天使却不帮助他们阻止奶牛的死亡。

“事情并不像它看上去那样。”老天使说，“在那个富裕家庭的地下室里，我从墙洞看到墙里面堆满了金块，可想而知主人对此并不知情，为了惩罚这家人的贪婪和冷酷，所以就把墙洞补好了。昨天半夜，死神来召唤农夫的妻子，我无力劝回死神，只得让奶牛代替了女主人。”

的确，有些事并不像看上去那样，就像我们站在自己的角度看待别人的生活，我们看到别人的所有、别人的幸福、别人的快乐、别人身上笼罩的光环，但别人的痛苦我们看不到。因为生活就像鞋，痛苦就像鞋里的沙，沙磨脚的痛只有穿鞋的人才能体会到。

美国有一位深受人们喜爱的女歌星，她所到之处无不充满鲜花和掌声。人们津津乐道于她所拥有的令人艳羡的歌喉，美丽的容貌，良好的修养，如日中天的事业，完美的家庭，深爱她的丈夫，好像全世界的好都集中在了她身上。

在一次记者招待会上，有一位记者问她：“你的拥有如此之多，请问哪一项是你最珍惜，也最想感谢上帝的呢？”

女歌星沉吟了一下，微笑着说：“我最珍惜的是我的一对儿女，尽管他们一个是先天性瘫痪，一个脑瘫，但我还是要感谢上帝，那是他送给我的最好的礼物。”

短暂的沉默之后，是人们真诚热烈的掌声。

每个人都有自己的幸福，也有自己的痛苦，上帝不会让一个人拥有全部，也不会让一个人一无所有，所以，不要羡慕别人比你高、比你帅、比你多才多艺、比你有钱、比你住的房子大、比你开的车子好，因为，别人在这些光环背后，自有他的痛苦。

而且别人身上的光环，本身就是被我们艳羡的眼光铸成的。人类的天性中有比较爱嫉妒的存在，我们在看待别人时，首先注意到的是别人优于自己的地方。久而久之，别人就会光芒四射，而自己在光芒的衬托下则会显得愈加卑微。

不要让自己躲在别人的光环后面哭泣，我们应睁大眼睛，看到别人光环背后的阴影。另外，也要给自己加上光环，让自己在光环中灿然微笑。

纪律是铁——严守时间

一个人怎样运用时间，怎样对待时间，决定了他一生命运的轨迹。一小时、几分钟，看似不起眼，但也许就可以决定一个人的一生。

美国有一位著名的预言家，一次，他到一所大学举办讲座。中途休息时，有两位同学到讲台找到他，请他预言一下自己以后的命运。预言大师微微一笑，说："好的。那你们先回答我一个问题好吗？"两位同学点点头说："可以。"预言大师说："请你们俩认真考虑一下，如果上帝无条件给你们每人10分钟，这10分钟时间里具有无限的魔法，你们可以随意运用，你们会做什么？"

第一位同学说："我希望我的爸爸在这10分钟里失忆，这样，我就可以从他那里拿到更多的钱。不过对于他来说，我只拿了一点点。"

第二位同学说："我希望把这10分钟用在急需时间的人身上。比如将要撞车的人，这10分钟可以帮助他们躲过车祸；或者被地震、台风袭击的人们，这10分钟时间他们可以用来逃生；还有生命垂危的病人，这10分钟时间或许可以让他们起死回生……"

这位预言大师听了两个同学的回答，点了点头，说："好了，我已经知道你们以后的命运了。"

于是，预言大师对第一位同学说："你的命运很不错，但你要注意节俭，不然晚年也许会穷困潦倒。"

接着，他又对第二个同学说："你现在的生活虽然很苦，但将来你很可能成为出色的政治家。"

第一位同学很不服气，说："我爸爸是金融大亨，将来我会继承他的财产，晚年怎么会穷困潦倒？”

预言大师笑着说：“这要看你自己的了。”

后来，这位预言家的话果然应验了。第一位同学继承父业之后不思勤俭，挥霍无度，终于在一次金融危机中破产，晚年流落街头。而第二位同学一直发奋读书，关心民众，后来当上了总统。他就是美国第39任总统吉米·卡特。

人的命运往往在不经意间改变，这不显眼的瞬间，经过日复一日的积累慢慢形成人的生命过程。

大自然是公平的，给每个人一天24小时，不管是老年人还是年轻人，穷人还是富人。然而，对24小时不同的分配与运用，结果也就大不同。一般来说，可以把每天分为“三个八”，即八小时工作、八小时睡觉、八小时自由时间。前面两个“八”，大多数人的情况一样，那么引起人与人之间差异的就是剩下的八小时怎么度过自由时间，也就是爱因斯坦所说的：“人的差别在于业余时间。”

很少会有人注意到自己什么时候比较懒散疲倦。有的人在午饭后，有的人是晚饭后。每个人一天时间里往往有一个关键时刻，如果这一天不想白过的话，这个关键时刻就一定不要浪费。人一天的自由时间看似普通，一旦利用，作用巨大。如果我们能让自由时间真正发挥出价值，对其合理科学地管理运用，就可以为自己的未来积蓄力量，让自己与众不同，并在竞争中脱颖而出。

人们在工作、学习时，总是十分忙碌，往往集中精力，惜时如金，可是，一旦闲下来，拥有很多可以自由支配的时间，成了一位“时间富翁”时，却不知道要做点什么。那么怎样才能防止时间过剩，有效地使用时间呢？下面提供的几种建议供参考：

（1）凡事要准时：准时上学，准时赴约、准时上岗、准时开会。

（2）要善于见缝插针，抓紧一切零散、空闲的时间。例如等车时，可以阅读你感兴趣的书报，背诵外语单词等。

（3）养成勤于动脑、动手的习惯，凡是今天的事，不要拖到明天。手边随时携带一个简要的备忘录，记下每天要办的事。

（4）充分利用日历，在上面记下你允诺的事情和约定的会面，并及时处理。

（5）把自己的爱好发展成一种特长，丰富自己的大脑和内心，有益于身心健康。

如果你能对日常生活时间养成分秒必争的好习惯，你等于延长了自己的生命。

一次，英国一位著名文学家给朋友们出了一个谜语：

“世界上哪样东西是最长的又是最短的，最快的又是最慢的，最能分割的又是最广大的，最不受重视的又是最珍贵的；没有它，什么事情都做不成；它使一切渺小的东西归于消灭，使一切伟大的东西生命不绝？”

智者查第格猜中了，他说：“最长的莫过于时间，因为它永无穷尽；最短的也莫过于时间，因为人们所有的计划都来不及完成；在等待的人，时间是最慢的；在作乐的人，时间是最快的；它可以扩展到无穷大，也可以分割到无穷小。当时谁都不加重视，过后谁都表示惋惜；没有时间，什么事都做不成；不值得后世纪念的，它都令人忘怀；伟大的，它都使它们永生不朽。”

时间是如此重要，我们就应该严格地遵守时间。严守时间是做人的美德，也是成功的保证。

伟大的革命家列宁是严格讲究准时的人。他组织召开的会议，不管到会有多少人，他总是要求准时开会。人民委员会尊重列宁的嘱咐，在会议桌上摆着一个带秒针的钟，迟到的委员都要被记上名字，并且注明迟到几分钟。

守时，是一种道德的行为。你迟到了，就是浪费了别人的时间，说严重点，是浪费了别人的生命，是不道德的表现。

著名教育家马卡连柯十分重视对孩子进行时间教育。他说：“任何孩子从幼小的年纪起，就应当受严守时间的训练，清清楚楚地给他们划出行动的范畴。”

他还说：“养成遵守时间的习惯，是一种对自己进行严格要求的习惯。在一定的时间起床，是对意志的最根本的训练，它可以改掉在被窝里幻想的习惯。吃饭的时候准时入座，是对母亲、对家庭和其他人的一种尊重，也是一种自尊的态度。在所有的事情上严守时间，那就等于维护了父母的威信，遵守了法律。”

当你每天醒来，口袋里便装下了 24 小时的时间，这是属于你自己的最宝贵的财富。如何使用这份财富呢？那就给自己上一门“时间利用课”吧。

认真制定一个生活时间表，将每天起床、洗漱、锻炼、用餐、学习、劳动、游戏、看电视、看书、洗脚、睡觉的时间安排好，按时去做。如果你能对日常生活时间养成分秒必争的好习惯，你等于延长了自己的生命。有人做了统计，用“分”来计算时间的人，比用“时”计算时间的人，时间多59倍。

别犹豫了，快点行动吧！

记住鲁迅先生的话：“节省时间，也就是使一个人的有限的生命更加有效，而也即等于延长了人的生命。”

第十章
终身学习，一生受益

一、如何成为优等生

二、如何提高学习效率

三、自立自强，不断进取

一、如何成为优等生

选择适合的学习方法

世界上没有真正能够开启每一把锁的万能钥匙，当然也没有对每一个人都适用的学习方法。针对每一个孩子的不同特点，必须选择不同的培养模式。对于外向型性格的孩子，在学习方法中要注意：

好学深思。外向型性格的孩子性格爽朗、倔强，考试不怯场，对事物能直截了当地提出自己的看法和想法，遇到问题敢于向别人请教，这些都是对学习十分有利的性格特点。不过，由于这类孩子自信自己“领会得快”，所以对待问题往往不求甚解，即便请教别人也不认真倾听对方的回答，往往别人话还没说完，他就觉得自己已经“明白”了，其实也未见得真正明白。所以，要要求这样的孩子养成好学深思的习惯，防止遇到问题浅尝辄止或绕道走的不良倾向。

加强计划。外向型性格的孩子学习往往缺乏计划性，无论干什么，大多从兴趣和感情出发，所以即使制订了学习计划也难以切实执行。因此，这样的孩子应要求他自己制订一个详细的学习计划，并严格按照学习计划所规定的进度去做。

有错必究。外向型性格的孩子一般不在乎分数的高低和评语的好坏，对试卷和作业中的错误也不想认真改正。应该帮助孩子养成有错必纠的习惯，把错误认真改正过来，才能避免“重蹈覆辙”。为此，有必要让孩子做错笔记，即把答错的题和不会做的题都清楚地记在笔记本里并经常翻看。

求得帮助。外向型性格的孩子独自一人温习功课时效率往往不高，因此，最好能找一些性格较内向的同学一起温习功课，以便取人性格之长，补己性格之短，从而有效地提高自己的学习效率。

对于内向型性格的孩子，在学习中要注意：

打消自卑。性格内向的同学往往比较自卑，有了自卑感就容易造成心神不安、焦虑烦躁，从而影响学习效率。要使孩子打消学习中的自卑感，教育孩子一要能正确评价自己，即不仅要能如实地看到自己的短处，也要能恰如其分地看到自己的长处，切不可因自己的某些不如人之处而看不到自己的如人之处和过人之处。二要正确地表现自己，多做一些力所能及和把握较大的事情，哪怕这些事情很小，也不要放弃争取成功的机会，可在自己所擅长的学科上狠下功夫，争取取得好成绩，以增强学习的信心。三是正确地补偿自己，承认自己在某些方面有缺陷，但不背思想包袱，以最大的决心和最顽强的毅力去克服这些缺陷。

心胸豁达。性格内向的孩子心胸往往比较狭隘，当学习未达到预期目的，或者考试成绩不理想时易引起情绪波动，教育孩子不要过分看重考试分数，即使得了坏分数也不要悲观，以免因此而影响自己的学习热情和学习效率。

独自学习。性格内向的孩子往往不愿参加集体学习，效率往往也不高，故温习功课时最好能找个安静场所，独自进行学习。但应提高孩子的自控力，防止独自坐在桌子前想入非非，而白白浪费了学习时间。

德国哲学家笛卡尔曾说："最有价值的知识是关于方法的知识。"古今中外无数事实已经证明：科学的学习方法将使学习者的才能得到充分的发挥。越学越聪明，给学习者带来高效率和乐趣，从而节省大量的时间。

美国教育心理学家罗伯特·加涅在《学习条件》中，第一次提出教育的第三项任务是培养学生的学习策略。近年来，国内外的一些教育心理学著作也大都把学习策略、学习方法的研究作为热点课题。通过这些学习模式的研究. 发现并证明许多方法可以使人聪明。

亚伯拉罕·马斯洛曾经说过："如果你只有一件工具——钉锤，那么所有的问题看起来就是钉子。"现在就是要寻找各种工具，而不能只用钉锤来解决所有问题。

人们认识到，未来的文盲不是不识字的人，而是不能正确认识自己，不会学习的人。你可能也发觉，有些同学有同样的学习条件、相同的智力水平，其他条件也很接近，可是学习成绩却有天壤之别。那是因为许多学习的第一名都很重视学习方法，他们能管理监控自己和自己的学习活动，不断总结经验．形成自己行之有效的学习方法，从而获得成功。

"他山之石，可以攻玉。"成功的人总是能够从他人的经验中有所启发，能够集众人之长而拥有长于众人的智慧。学习是一项长期而复杂的智力活动，有很多的方法和技巧。找到正确学习方法的人，学习起来会事半功倍；而不讲究方法的人，就好像用一把钝斧子砍柴，费了很大的力气，却事倍功半。所以，你要学会借鉴第一名的学习方法，从而找到适合自己的学习模式。

细节决定成败

中国道家创始人老子有句名言："天下难事必作于易，天下大事必作于细。"意思是天下的难事必定从容易的做起，做大事必须从小事开始。海尔总裁张瑞敏说过，把简单的事做好就是不简单。伟大来自于平凡，往往一个企业每天需要做的事，就是每天重复着所谓平凡的小事。一个企业有了再宏伟、英明的战略，没有严格、认真的细节执行，再英明的决策，也是难以成为现实。"泰山不拒细壤，故能成其高：江海不择细流，故能就其深。"所以，大礼不辞小让，细节决定成败。

注重细节的人，能够认真地对待每一个细节，将小事做好，并在这个过程中找到机会，一点一滴累积，一步步走向成功。世上没有做不成的事，只有不肯做的人。想想曾经的失败，有多少人是真的尽力了？其实，困难和失败并不是成功的最大障碍，自身才是最大的绊脚石。一个人想要征服世界，首先要战胜自己，战胜自己的惰性与软弱，控制自己的命运。一个人想要成功，不仅要做大事，往远看，还要顾及眼前，认真对待小事，不要以为它微不足道。

一心渴望伟大，忽略细节，伟大不会到来；一心甘于平淡，认真做好每件小事，伟大不期而至。这就是细节的力量。注意细节靠的是耐心与坚持，靠的是日积月累。

谈到日积月累，就不得不涉及习惯，有调查显示人的行为中95%都是受习惯支配的。做任何事情都不是一朝一夕的，持之以恒地积累，自然会有所提高。如果只是图一时之利，不顾长远发展，是没有效果的。正如毛泽东所说："一个人做点好事并不难，难的是一辈子做好事，不做坏事。"不在乎一时，而在乎一世，这就是细节的魅力，是日积月累、不断积蓄的力量，一旦爆发，不同凡响。

日本名将石田三成没成名之前曾在一座寺庙里谋生。一天，幕府将军丰臣秀吉路过这座寺庙，一时口渴便到寺中求茶，石田三成热情地接待了他。

在倒茶时，石田先是奉上了一大碗的温茶；第二杯则是中碗稍热的茶；当幕府将军要第三杯时，他却奉上最小碗的热茶。丰臣秀吉一时不解其意，询问原因，石田解释道："第一杯大碗温茶是为了解渴，所以量要大，但温度要适中；第二杯——中碗的热茶，是因为刚刚已经有一大碗茶解渴了，要稍带品茗之意，所以温度要热一些，量也要小些；而第三杯，不为解渴，纯粹只为品茗，所以才奉上小碗的热茶。"

丰臣被石田细致入微的体贴深深打动，于是将其选在自己的幕下，石田不负期望，成为一代名将。

世上无难事，只怕有心人。注重细节，从小事做起，是每个想要成功的人应该具备的素质。做任何事都要细致地分析，仔细地实践，用心地积累。正如惠普创始人戴维·帕卡德所说："细节的成功看似偶然，实则孕育着成功的必然。就像浪花显示了大海的美丽，但必须依托于大海而不能独立存在一样。小事成就大事，细节成就完美。"

要主动学习

前苏联的一位教育家说："家长和教师通常都犯的错误是，他们不了解学习是脑力劳动，脑力劳动所特有的规律是劳动者必须处于主动的状态。"要想让你的孩子学习达到理想的状态，你必须把他激发到他自己想去学习，而不是你逼迫他去学习。中国现在的孩子有90％以上就像沙漠里的骆驼一样，是被动地，艰难地在学习。这样是学不好的，不符合脑力劳动的规律。

有一种表，可以自动上弦、计时。

不用上弦就能自动计时，它有什么特殊的构造吗？原来这种表本身带有自动装置，组装有叫"转子"的这种旋转部件，手腕一摆动，"转子"就旋转，从而就上了弦，手表就会自动走起来，所以不需要人工去上弦。

优等生就装了这种"自动装置"。他们不用别人督促，高举着"我要学"的旗帜，奋斗在课堂上和课堂外，主动地去学习。

学习本来就是自己的事，别人只能提供帮助，没有人可以替代你去做。也没有必要总是让别人提醒，就像一个人"学走路"。

"学走路"意味着没有人能够代替你走路，你只能自己经过爬行，跌跌撞撞，然后就学会了直立走路。尝试、摸索、跌倒、摔跤之类的错误是成长的正常代价，如果不付出尝试、摸索、跌倒、摔跤的代价，人就不会掌握走路的技巧。学习中，老师、家长或者同学可能会帮助你解决某一困惑，但真正的帮助是让你"摆脱一个人对另一人的依附"。

什么是主动学习？其实很简单。

主动学习是指学习者在学习活动中表现出强烈的求知欲，能合理安排自己的学习活动，运用科学的方法独立学习，有刻苦钻研的精神，并能有自我评价的能力。

通俗地说，就是在学习中遇到困难或新的问题出现后，有的人常以"没学

过”“不会做”“等老师讲”为由拒绝尝试，这样就丧失了一次独立学习的机会，而有的人敢于尝试，把克服困难的过程看作是学习的过程，不懂就去查资料、请教专家，带着问题去学习，最终拿下这个难题，这就叫主动学习。

学习并不是无条件坐在书桌前就能学好的，也不是在别人的指使下勉强学习就能产生兴趣的。学习不能依靠别人的唠叨，学习时被人催促学习，可能会产生逆反心理，不听家长的劝告和要求，不想做老师布置的功课。只有自动自发地学习，才会取得优异的成绩。

荣获 1964 年诺贝尔物理学奖的查尔斯·汤斯曾说，是童年自己积极观察和寻找的经历引发了他对科学探索的兴趣。童年的他，深受父亲的鼓励，经常针对问题自己去查《百科全书》。童年的他，很喜欢做游戏、猜谜，还常常到野外找一些不知名的东西，他总想发现新的东西。一次，他发现了一种鱼，并寄给了博物馆，得到了来自博物馆的肯定。从此以后，查尔斯·汤斯更加喜欢自己主动学习和探索了，最终致力于物理学领域的研究，并取得了重大发现。

学习的主动性是影响一个人学习质量的关键。积极的自主学习是人一生永远需要的一种能力。

敢于尝试

在烈日下，一群饥渴的鳄鱼陷身于水源快要断绝的池塘中。面对这种情形，只有一只小鳄鱼起身离开了池塘，试着去寻找新的生存的绿洲。池塘水之中愈来愈少，最强壮的鳄鱼开始不断地吞噬身边的同类，苟且幸存的鳄鱼看来是难逃被吞食的命运，然而却不见有鳄鱼离开。池塘似乎完全干涸了，唯一的大鳄鱼也耐不住饥渴而死去了。然而，那只勇敢的小鳄鱼呢，它经过多天的跋涉，幸运的它竟然没死在半途中，而是在干旱的大地上，找到了一处水草丰美的绿洲。通过这个故事我们可以获得不小的启示。试想，如若不是小鳄鱼勇于尝试，寻求另一条生路，那它也难逃丧生池塘的厄运；而其他的鳄鱼，如果它们不安于现状，勇于尝试，那么它们又怎会落得身死干塘的可悲结局！

由此可见，勇于尝试的精神多么重要！纵观古今，凡有成者，他们无不具有勇于尝试的精神。灯泡的发明者爱迪生为了找到一种合适的材料做灯丝，多次尝试。试验初期，他找了 1600 种耐热材料，反复试验了近 2000 次，结果发现只有白金较为合适，但白金比黄金还贵重些，这就是说试验失败了。面对这样的失败，一般的人肯定会选择放弃，然而他没有，而是继续尝试着从植物中发掘理想的灯丝材料，先后又尝试了 6000 种植物。通过不断的尝试，爱迪生最终获得了巨大的成功，给人类带来了“光明”。这“光明”之光，与其说是“光明”之光，电之光，还不如说是勇于尝试的精神之光。其实，我们只细细想想就会惊奇地发现，他所取得的 1000 多项成果中，竟没有哪一项不是不断尝试的结晶。“一次尝试，就有一次收获”，他的这句话正道出了他的成功不仅在科学上需要这种精神，我们在学习和生活中不也同样需要这种勇于尝试的精神吗？在学习和生活中，我们应尝试着举手发言，尝试着向课本质疑，尝试着与同学合作探讨，还应尝试着理解别人、关心别人……我们的智慧将得到增长；在不断的尝试中，我们的能力将得到提升；在不断的尝试中，我们的人性将得到升华。不断的尝试，我们将攀上一个又一个智慧的高峰。孩子们，勇于尝试吧！

桑代克是动物心理学的鼻祖，联结主义心理学的创始人。创建了教育心理学，也是美国教育测验运动的领袖之一。他生于美国麻省一个牧师家庭。生性害羞、孤独，只有在学习中才能找到乐趣，也特别有学习的天赋。他一生致力于心理学研究，著述颇多。桑代克对行为主义学派的影响主要来源于他对小鸡、小猫研究的结果。

1895 年，他到哈佛大学，做小鸡走迷津实验（即走迷宫），后转到哥伦比亚大学学习，继续利用猫和狗等做实验。他在实验中发现，最初，小鸡小猫小狗都是在死路里转来转去，偶尔会找到出口，逃出迷宫，而这通常需要花很长时间。但重复多次以后，小鸡小猫小狗在死路中瞎转的次数都会减少，花费的时间也会

减少很多；训练到一定次数以后，一把它们放入迷宫，它们甚至会立即直奔出口而去，很快就成功逃脱。

桑代克认为，小鸡小猫小狗都不是通过推理和观察而学会逃出迷宫的. 它们之所以能够顺利逃脱，原因只有一点，那就是不断地尝试。在不断地尝试和失败中慢慢消除那些无用的行为，记住那些有助于逃脱的行为，用桑代克的话说，就是它们已经在这些有用的行为和行为的目标之间建立了联系。

桑代克据此认为，学习的实质就是有机体形成“刺激”（S）与“反应”（R）之间的联结。他明确地指出“学习即联结，心即是一个人的联结系统”。同时，他还认为学习的过程是一种渐进的尝试错误的过程。在这个过程中，错误的反应逐渐减少，而正确的反应最终形成。根据他的这一理论，人们称他的关于学习的论述为“试误说”。

尝试是学习的本质。真正的学习都是带有个人意义的尝试学习。学会学习的着眼点应该是尝试学习，学会尝试才能学会学习，没有尝试的学习，永远不能学会学习。

尝试，促进了人类的发展，推动了社会的进步。从人类的发展史上看，类人猿为了生存，尝试站立起来，这是其进化成人的关键一步。远古人通过不断尝试逐渐学会钻木取火、打猎捕鱼、制造工具，使人类本身获得了发展。由于人类不断尝试，才有千千万万的创造发明，造就了丰富多彩的现代文明。

“没有什么不可能”，人生在于不断尝试，学习也是。一种方法不能解开难题，就再尝试另一种，不做就永远不会成功。

有些人总是害怕出错，害怕遭人取笑，更害怕失败，缩手缩脚，把自己捆绑在安全范围内，踯躅不前。

优等生之所以优秀，是因为有一颗可贵的好奇心，他们勇于探索，勇于尝试，积极动脑，永远走在前面。

世界上任何事物的成功都始自尝试和信心。每个人身上都有巨大的潜能可挖，往往看似不能实现的事情，只要你勇敢地去尝试，并真正地为之付出努力，那就有可能成功。你不要以“没有办法”或“不可能”的托词或想法而让某项学习画上句号，让“没有什么不可能”进驻你的思维里吧，这句话对你会很有好处，有了它，你的学习就会有突破的可能，这样你在学习中就有可能成为第一个吃螃蟹的人。

二、如何提高学习效率

克服朝三暮四的坏习惯

怎样才能克服“今天想干这个，明天想干那个”的朝三暮四的毛病呢？以下三点建议可供借鉴：

（1）不要为别人的某些成功所诱惑。干事业，最忌见异思迁，而造成见异思迁的原因很多，其中一个原因就是为别人的某些成功所动。正确的做法是认准自己的目标，执着地追求。

（2）不要为一时不出成果所动摇。许多人一心想有所成就，这种心情是可以理解的。但过于急切地盼望成功，则容易走向反面。事实上，干任何事情都有个循序渐进的过程，成功也有个水到渠成的问题。英国作家约翰·克里西开始写作时，收到退稿743篇，但这并没有动摇他的信念和决心，他仍坚持写下去，终于取得成功，一生中出版了560多本书。如果他看到700多篇退稿而退却下来，也就不可能有后来的成就了。

（3）不要怕艰辛，要舍得吃苦。有些人对爱因斯坦在物理学领域的杰出贡献羡慕不已，却很少琢磨他床下几麻袋的演算草纸；有些人对NBA球员的声誉津津乐道，却很少去想他们每人究竟洒下了多少汗水。因此，千万不要光羡慕别人的成果，要准备下些苦功夫才行。

按照以上三点要求去做，就能够逐渐克服朝三暮四的毛病。

摆脱习惯性的思维方式

“鸟笼逻辑”是一个很有意思的规律，它说的是如果一个人买了一个空的鸟笼放在自己家的客厅里，过了一段时间，他一般会丢掉这个鸟笼或者买一只鸟回来养。原因是即使主人长期对着空鸟笼并不别扭，但来访的客人们都会惊讶地问他这个空鸟笼是怎么回事情，或者把怪异的目光投向空鸟笼。终于他不愿意忍受每次都要进行解释的麻烦，丢掉鸟笼或者买只鸟回来相配。

首先说惯性思维之所以叫作惯性思维，就是长期工作生活中养成的一种习惯。这种习惯不仅表现在意识层面，而且深植于潜意识之中。打破它需要长期的修炼。

1. 活在当下

我们通常想东西，不是回忆过去就是臆断未来。很少关注当下的细微之处。之所以会习惯性地做事情，就是思维不在当下。开始可以通过关注自己的呼吸和聆听感受身体的声音和变化来修炼当下的能力。然后试着多问自己，这个事情如果不这样做，还可以怎样做呢？而且可以挑战一下自己，看一看到底能够找出多少种处理这种问题的不同途径。

2. 做一些头脑风暴类游戏

给你一个别针，到底能有多少种不同的用途，等等。

3. 换位思考

我们发现常规的问题解决方法都是主观地站在自己的角度想问题。然后主观臆断对方和自己想的是一样的。然而大量的调查数据显示，不同群体之间的理念存在很大不同。一定要真正地把自己换为对方，从而打破常规，找到突破口，建立全新模式。思维的惯性会将我们变成普通人。而善于打破思维惯性的人，往往成为社会的精英人士。他们打破传统商业模式，利用新的商业模式迅速占领市场。他们打破生产制造流程，于是新的制作工艺应运而生。他们打破旧的消费思维，于是引领了新的消费趋势……

口＋人＝囚，不做框框里的平庸者，做一个敢于创新的弄潮人。

如何使学习事半功倍

学习事半功倍有诀窍：上午多想想下午勤记记。

英国科学家经过长期研究后确认，人选择最佳学习时段远比学习时间的长短重要得多，可以起到事半功倍的效果。

据墨西哥《太阳报》报道，英国伦敦大学教授阿德里安说，上午的时间最好用于学习或研究数学、物理、化学、艺术等知识学科，下午则应选择学习或研究地理、历史、文学或语言等学科知识。

阿德里安教授还说，他是根据人体内生物钟与时间的吻合时限做出上述结论的，因为上午的时间有利于人脑发挥逻辑思维和扩大想象空间等功能，而下午则有利于人脑记忆功能的发挥。

从背上书包那一刻，孩子便开始接受父母、老师的嘱咐：学习要勤奋、要努力，不能怕吃苦，书山有路勤为径，学海无涯苦作舟。而怎样勤奋、怎样努力，教师和家长却不会细说。在孩子心目中，勤奋和努力就是一天到晚学习、看书吧。于是为了取得令老师、家长满意的成绩，他们恨不得把自己当成学习机器，整天学习，看书，不敢有丝毫的懈怠，那瘦弱的身躯，刻板毫无生气的脸庞，那过早架在鼻梁上的眼镜便是明证，考试、名次、升学压得他们喘不过气来。求学之路漫漫其修远兮，6 年小学、6 年中学、4 年大学，之后还要考研，这样累的学习，他们能承受多久？更有甚者，当其付出与回报不平等，他们又该怎样继续下去？

当我们在用“悬梁刺股”“凿壁偷光”激励孩子时，我们有没有想过，“悬梁刺股”真的就会学好吗？人在极度困乏的情况下，怎能学得进！当面对已经把所有的时间都用来看书学习却仍旧没有考好的孩子，你还用不认真学习责备他时，你还要孩子怎么做呢？

诚然，一分耕耘，一分收获，但学习不是田地耕作，它要讲究技巧、方法，而不是蛮干，智者事半功倍，愚者事倍功半。当我们要求孩子努力刻苦学习的同时，更应该告诉他们“努力、刻苦”的做法，教会他们怎样去刻苦，怎样去努力，让他们轻松学习，快乐学习。

1. 合理分配学习时间

脑功能定位理论认为：大脑的每个功能区都有一定的工作时间限制，其时间限制与学生年龄成正比，一般小学生的持续学习时间不要超过 20 分钟，否则脑细胞就会因疲劳而停止工作。当一个人集中精力做作业时，有效使用头脑的时间为两小时左右，若在此间始终集中学一门功课，便会降低效率 20%。可是，在此期间如果能休息 5~10 分钟，效率又会得到恢复。所以我们要教会孩子，不要长时间学习一门功课，在感觉大脑劳累后可稍休息一下，或变化学习的科目。车尔尼雪夫斯基说：“工作的变化，便是休息。”这样才能提高学习的效率。

2. 闲暇出智慧

“闲暇出智慧”，这是古希腊的格言。伟大的物理学家爱因斯坦在对人的“从业”和“闲暇”现象进行研究之后，不禁惊叹：“一人的差异在于闲暇时间。”“睡眠、运动、音乐、白日梦和沉思冥想、课外学习活动和社会实践活动等都是闲暇时间提高学习效率的有益活动。睡眠是人最基本的休息活动，小学生每天至少需要 10 小时的睡眠才能保证健康；运动能够促进血液循环，每天 1 个小时的运动能够帮助小学生释放疲劳和压力，保持应有的机体健康；和谐悦耳的古典音乐、民族音乐所产生的振动波能使学生的精力更加充沛，清华大学学子每天在 8 小时学习中抽出 1 小时听古典音乐的“8-1>8”定律证明了其正确性；白日梦和沉思冥想能够使平时专注于分析和重复性工作的大脑得到休息，同时锻炼预测和想象能力，在课余时间让学生每天至少 10 次沉浸于白日梦当中，每天至少进行 10 分钟的沉思冥想是成本最小的潜能开发法，达·芬奇等很多天才都这样做过；课外学习活动可以补充课内的知识盲点，促进知识的建构和迁移；社会实践活动能使学生增进对社会的责任感，对学习起到外在驱动力的作用。

闲暇时间并非微不足道，闲暇是一种宽松的时态，是一种放松的心态。陈旧的定式结构往往在难题闲置之后消散，创新的灵感火花常常在信步闲庭之时进发。当前小学生把不少课外时间花在上网聊天、看电视，或者参加家教辅导、课外补习班上。很多家长宁愿让学生参加“优质补习班”，也不愿了解学生的真正需要，不愿相信学生自我发展的潜能，在大量的闲暇时间被浪费的同时，学生正常的睡眠、运动活动却得不到应有的重视，白日梦和沉思冥想被认为是溜号、不注意听讲的不良行为，遭到教师和家长体无完肤的批评。结果学生的闲暇时间不仅没有成为有效学习的推动力，反而成为了额外的负担。

3. 调节和掌握生物钟

人根据生物钟特点分为“百灵鸟”和“猫头鹰”两种类型，也就是夜睡型和晨睡型。前者就寝后，很快便能睡熟，睡眠质量好，最佳状态是起床后的 2~3 小时；后者就寝后不能马上入睡，睡眠质量差，早上学习不如夜里效率高，起床后不经过 5~6 小时的活动，头脑机能是不能处于最佳状态的。由于受家庭环境的影响，有些学生的生物钟属于“猫头鹰”类型，这种生物钟特点对小学生而言负面影响是较大的。小学生处于身心发育阶段，“猫头鹰”类型的睡眠质量不佳，造成身体发育迟缓和精力状态差，在学校一上午无精打采，学习效果可想而知了。科学证实，人的生物钟是可调节的，当外界环境的节奏发生变化时，人的生物节律也能够发生某种相应的变化。一个“猫头鹰”类型的人，只要循序渐进地逐步改变生活习惯，也能够变成“百灵鸟”类型的人。

人的一天之内的精力变化有规律可循：早晨记忆力最佳；中午 12 点前，思维、精力和体力达到高峰；13~14 点脑力和体力较低；15~18 点活跃；21 点出现一天当中第二个高峰。根据这一规律，指导孩子在早晨背英语单词、背课文，在 9~10 点进行逻辑思维与问题解决的学习活动。有人指出：中国的父母与孩子投入教育的精力堪称世界之最，但得到的又是什么呢？其实我们更应该倾向和追求“效率教育”“轻松教育”“智力教育”，废除“疲劳教育”“沉重教育”“体力教育”，让我们的孩子都健康快乐地学习和成长吧！

知道吗？大脑只占体重的 2%，却要消耗整个身体所消耗氧气总量的 20%。而且，我们的大脑又是很脆弱的，假若停止供氧 1 分钟，我们的脑细胞就会开始死亡。还有一件事情，那就是我们的大脑很容易疲劳！

很多时候，家长为了鼓励我们用心读书，经常举出诸如“头悬梁，锥刺骨”之类的事例来教育我们。但是，“头悬梁，锥刺骨”的精神固然可嘉，却并不科学。如果你用脑过度，你的情绪就会变得躁动、忧虑、厌烦、倦怠，出现注意力不集中、反应速度下降、思维迟缓等情况。这样，学习效率自然不会高。接下来的问题就是，怎样才能使学习效率事半功倍呢？

（1）善于抓住最佳学习时间。“猫头鹰”型的人，习惯于夜深人静以后读书；“百灵鸟”型的人习惯于早起早睡，利用早晨以及上午这段黄金时间学习；“麻雀”型的人，学习的最佳时间却比较分散。我们应当根据自己的实际情况，合理安排学习时间。

（2）劳逸结合。形成良好的作息习惯。“文武之道，一张一弛”，要注意合理安排自己的学习、劳动、业余生活、睡眠、休息的时间，并形成习惯，做到生活有规律。

（3）要保证大脑所需的足够营养。我们正处在生长发育的高峰期，所需要的热量要比成年人多 50%，要注意学会科学饮食，特别是要注意吃好早餐，平时要注意多吃一些鸡蛋、瘦肉、鱼类、豆类、新鲜蔬菜、水果等，以保证大脑所需的充足营养。

（4）要培养广泛的学习兴趣。兴趣是学习的第一自然推动力。对学习有了兴趣，不但会使人思维活跃、记忆力提高，也有利于减少心理疲劳。

三、自立自强，不断进取

培养孩子的自我意识

自我意识是人即主体对自我的意识，是意识的一个重要方面。在心理学上一般习惯于把意识的内部结构分为认识、情感、意志三个部分，所以也往往从这三个方面来分析自我意识，把自我意识分为对自我的意识、对自我的态度和对行为的调节三个部分，包括自我认识、自我评价、自我观念、自尊心、自卑感、自信心、自制力、独立性等。

自我意识对儿童的心理发展意义十分重大。儿童怎样认识自己、怎样安排和处理自己同周围世界以及同他人的关系、怎样评价自己的能力、具有什么样的自我价值观、树立什么样的自我形象，直接影响到儿童能否积极地适应社会、能否保持心理健康、能否在学习和生活中顺利前进和发展。自我意识在人的心理活动和行为中起着调节作用，是行为的强烈动机。一个具有良好自我意识的孩子，会在各方面表现出优秀的才能，经常取得成功。反之，如果孩子在自我意识的发展中出现了不良倾向，又没有及时调整，会使孩子的个性和行为发生偏异，以后矫正就困难了。所以家长应当注意培养孩子良好的自我意识。

心理学家指出，人并不是生来就有自我意识的，儿童的心理只有发展到一定的阶段才能形成自我意识。在1岁半至2岁时，儿童知道了自己的名字，并且能用名字和代词“我”称呼自己，这标志着儿童开始把自己从客体转变为主体来认识，逐渐形成了自我意识。

自我意识强的人，对自身的变化是很敏感的，有比较强的自我调节能力，人的一生会发生许多变化，但是身心变化最活跃、最迅速的时期，是出生后的头一两年。几天不见孩子就不一样了，一下子会笑了，一下子会爬了，一下子会咿呀学语了……这些变化令他人惊异，而孩子自己却浑然不觉。家长无时无刻不在关注孩子的成长，而孩子并不能意识到自己在长大，家长有必要将自己的关注渗透给孩子，使孩子也能意识到自己的成长与进步，这有利于萌发孩子的自尊与自信。

在孩子自我意识薄弱的时候，他们对自己的认识，主要来自于环境的反馈。所以大人要有意识地促使孩子认识自己，用多种方式让孩子了解自己的变化，意识到自己在长大，自己越来越强了，越来越棒了。

以下介绍的是一些培养孩子自我意识的方法。

1. 从小培养孩子的自我认识

初生儿的意识是混沌的，是没有明确的主客体之分的，基本没有自我意识，只有生理需求提示着“我”的存在。因此，喂养方式起着至关重要的作用。积极的喂养，不但能促进婴儿身体的发育，还能促进其心理的发展，使婴儿尽快摆脱混沌状态，逐渐耳聪目明，并且客体清晰，主体明朗，从而促使自我意识的发展。

自我意识的认识过程是可以促进的，这在很大程度上取决于外界对婴儿的刺激。在积极的环境里，婴儿能较快地耳聪目明起来；而在消极的环境中，婴儿却久久地停留于混沌状态。为了让处于混沌状态中的孩子尽快启蒙，就应该尽快让孩子的眼睛明亮起来，耳朵灵敏起来，手、脚活动增多等。为此，适当而丰富的刺激是很有效的，需要注意的是：

首先，不要忽视孩子的“看”。要想办法引起孩子的注意力，让孩子多看，喜欢看，小眼睛骨碌骨碌转起来，从而逐渐意识到“这是我看见的”。

其次，不要忽视孩子的“听”。要多对孩子说话，说的时候伴以夸张的动作和表情，让孩子听各种好听的声音，引起孩子对声音的兴趣，从而逐渐意识到“这是我听到的”。

最后，不要因为孩子的手、脚不灵活就限制孩子的“动”。小手和小脚是孩子重要的感觉通道，要刺激孩子手和脚的肌肉，让小手多触摸，小脚多活动，从而逐渐意识到“这是我的手和脚”。

2. 让孩子分清自己的“界线”

5岁的平平读幼儿园中班，妈妈让他天天走5分钟的路，去拿牛奶。一开始他很高兴，但有一天下雨了，他就不肯去拿牛奶了，让妈妈去拿。妈妈说：“下雨了，牛奶工就不送牛奶了吗？妈妈就可以不上班了吗？你就可以不上幼儿园了吗？天虽然下雨了，但一个人该干什么还得干什么，怎么能不去拿牛奶呢？”平平一想对啊，就爬起来打着伞跑出去拿牛奶了。

一个星期天，平平赖在床上不肯起来去拿牛奶了，说自己好困好困。妈妈说：“如果送奶工人也说困，不起来送奶了，那大家有奶喝吗？我困了，不起来做早餐，你不就要饿肚子了吗？该自己做的事，不可能因为有了困难，就可以不做的。”

冬季，下起了大雪，平平仍天天去拿牛奶，一天，他滑倒了，摔了个屁股墩，因两手立刻高高举起，奶瓶没有被摔碎。到了送奶点，奶还没有送来，大家都很着急，平平说：“路不好走，送奶工也不容易啊。”

心理学家强调，孩子在成长的过程中，建立和明白自己的界线非常重要，只有明白了自己的界线，才能在自己的界线内负责，这是孩子成长的关键。妈妈让平平拿牛奶，就是在明确地告诉他，作为家庭成员，做家务事，也是他生命圈内的事，也是他应担负的责任。

自我意识，是人自觉性、自控力的前提，要想让孩子自觉学习、努力成长，就应培养孩子的“自我意识”。而我们的很多父母太爱孩子，什么都想包办代替，这样其实是在侵犯孩子生命个体的“界线”。

3. 提高孩子的自我评价能力

实验研究表明：中国儿童形成自我评价能力的年龄为 3 ～ 4 岁之间。4 岁的孩子开始有一定的自我评价能力，能够根据一定的行为规则来评价自己。五六岁的儿童基本已经能够进行自我评价。自我评价是自我意识的核心，它对于儿童道德品质的形成、道德行为的培养是极为重要的。家长应当为孩子创设自我评价的情境，促进孩子自我评价能力的发展。孩子的自我评价能力最初是根据成人对他的评价而形成的。

因此，家长对孩子的评价应当比孩子的实际情况略高一点，使孩子经过努力可以达到，这样有利于培养孩子的自尊心和自信心，使孩子能够用积极的、向上的要求来评价自己。另外，家长要努力安排一些孩子经过努力能够取得成功的活动。成功的次数越多，孩子对自己成功方面的评价越高；成功的范围越广，孩子对自己的全面评价也就越高。这样有利于培养孩子自信、自我接受、勤奋、乐观的个性，使孩子自我意识中积极的成分占主导地位，从而促使孩子取得更多、更大的成功。

4. 让孩子树立自我观念

培养孩子的自我观念，也就是要帮助孩子树立积极的自我形象。自我观念是孩子对自身能力和自我价值的认识和体验。具有积极的自我观念的孩子，自信心和独立性强，认为自己有能力办好各种事情，自己的行为对社会对个人都有价值，也容易受到家长和他人的欢迎和好评。孩子的自我观念，实际上反映了他对自己过去的总结和对将来的预见。

总之，自我意识的培养是一个长期的过程，需要循序渐进地进行。家长不可急于求成，对孩子的发展提出过高的、不合理的要求，也不能因为孩子一时没有达到要求，就横加斥责。

让孩子做自己的主人

让孩子做自己的主人，就是要培养孩子的独立性和自己决策的能力，而不是培养处处“听话”、没有头脑的“机器人”。我们知道，机器人聪明、能干、可爱，然而却被人类紧紧地控制在自己手里。因此，再聪明的机器人也只是被动、听话、没有主见地去从事人类为它安排的一切。

然而，许多家长在教育孩子时，也把孩子当作机器人来培养，让他们听话、服从，乖乖地按自己的想法去做。这种教育方式，培养的孩子必定失去了个性，没有自己的见解，缺乏创造力，最后沦为老实无能的平庸之辈。

在中国，无论是家长或是老师，对于孩子的要求都十分严格。我们可以经常听到老师、家长对孩子说：“你不能在上课的时候站着听讲！”“你不能在老师讲话的时候打断老师的话！”“你不能在上课时讲话！”“如果不举手的话，你就不能够随便回答问题！”“你不能在操场上跑得太快！因为这样的话，你可能会跌倒从而弄伤你自己！”甚至是：“上课时不能上厕所！”让孩子不能这样，不能那样，这样看来好像孩子在学校里不能做任何一件事，他们唯一能够做的事情就是学习。

李政道博士在谈到中国青年和美国青年在主观创造力方面的差别时认为，这种差别实际上在幼儿时期已经表现出来了。在幼儿园，3 个美国小孩子待在一起就乱了，玩具在他们手中，一会儿他们就说没意思；而在中国，可以几十个孩子规规矩矩地坐在一起。这是两个国家对幼儿采取不同教育的结果。

培养孩子，就要培养他们的个性、创造力，按照他们的兴趣、爱好和愿望去发展自己的潜力。父母和老师的作用是引导和指路，而不是全面包办，或按成人的意图去强求他们。

中国传统的教育方法，习惯让孩子规矩、听话，那些顺从、安静的孩子常受到表扬，而淘气、鬼点子多的孩子则常遭到指责。在组织幼儿活动的时候，强调组织性、纪律性、一致性；在上课的时候，老师在上面讲，孩子坐在下面听，不许乱插嘴，不许随便活动。

而在新西兰，孩子能够自由地做任何他们想做的事情。他们可以打断老师的话，因为他们有一个非常“重要”的问题需要马上提问。他们可以在上课时坐在任何他们想坐的地方。他们可以在操场上狂奔，脚上却不穿鞋子和袜子。在课堂上，他们可以选择任何自己喜欢做的事情去学习新知识：围绕学习的主题，他们可以选择写一个小故事，并把这个故事在电脑上打印出来贴在教室里展示给大家看，也可以选择阅读和主题相关的书本来丰富自己的课外知识，更可以围绕主题来作画或是制作手工作品。这种教育，就是让孩子自主地采取自己所喜爱的方法来学习新的知识，而不是简单明了地告诉他们，这是对的，那是错的。

我们常说：“要做自己的主人。”成大事者都是真正做了自己的主人、走自己道路的人。培养孩子也必须让他们成为自己的主人。

1. 尊重孩子的天性

早在半个世纪以前，著名教育家陈鹤琴就总结了孩子的心理特点：孩子是好动的、好模仿的、好奇的、好游戏的、喜成功的、喜合群的、喜野外生活的、喜称赞的。

教育要适应孩子的这些特点，就必须解放孩子，充分发挥他们的天性。

多少年过去了，中国的教育离自主教育标准还相距很远。例如，当孩子主动跑来帮助妈妈扫地时，大多数妈妈会夺下孩子手中的扫帚，然后说：“你还小，扫不干净的。”甚至训斥孩子做了不该做的事情。这种情形一次次出现，孩子的积极性会受到打击，他们真的认为自己非常弱小，自信一点点被清除掉，天长日久，他们只能渐渐成为他人的附庸。

2. 不要过分干涉孩子

有的家长为孩子画框框、定调调，限制孩子的言行，使孩子的言行符合父母的意愿，这极大地限制了孩子的创新思维。

对小孩子趴在地上玩，有的父母总是说："干吗趴在地上？衣服都弄脏了，快起来看书。"有的孩子早一点从家走着上学，家长会说："大冷天的，走那么早干什么？再等一会儿走也来得及。"有的孩子放学回家看电视，家长会说："一回家就看电视，哪有这么大的瘾？把作业做完再说。"有的孩子与同学交往，家长都要进行限制，只容许孩子同某个同学来往，不容许孩子同家长自认为不好的同学来往。有的家长连孩子的发型都要严加限制，至于孩子的穿戴，更是横竖挑剔。推而广之，孩子每天吃的、玩的、用的都被加以明确规定。

这种过分干涉的教育方式，必然给孩子带来负面的影响。由于父母对孩子过度的限制，使孩子无所适从，结果使孩子变得谨小慎微、人云亦云、缺乏独立思考能力，进而限制了孩子思维灵活性的发展、思维批判性的发展、创新意识的发展。

3. 正确对待"不听话"的孩子

当孩子"不听话"时，有的父母会采取各种办法来处罚孩子。这似乎是家长在教育孩子过程中最习惯的一种做法。每当孩子的表现与家长的想象不一样时，就通过打骂来解决问题，这种做法往往对孩子的身心发展造成难以弥补的创伤。处罚只会让孩子身心感到痛苦、不适或意志遭到压制，只是在你的强压之下出现暂时的屈服，很难真正从思想上帮助孩子认清自己所犯的错误。

作为家长，当孩子不听话时，要保持冷静的头脑，不能一味地责怪，要帮助孩子分析情况，说明道理，使他从内心接受教育，真正意识到自己错在哪儿、为什么错、错下去的后果是什么，让他知道问题的严重性。解决问题的最根本的办法还是以长期坚持系统教育为主，在平时的生活当中要多用心，多想办法，采取合理有效的方法，对孩子实施教育。

教孩子学会自强

自强是任何一个人成才所必须具备的条件与素质。生活在社会中的人们，不仅要学会生存，更重要的是要学会竞争，在竞争中立于不败之地。做父母的应该让孩子多磨砺、多吃苦，跌倒了，也不要紧。学走路的孩子总是要摔跤的，最怕的是父母因为生怕孩子跌倒，而总是抱着孩子，抱大的孩子连路都走不好，哪还谈得上自强和成才呢?

自强是事业成功的支柱，也是人生的坐标。依赖别人，心无进取，学无长进，得过且过，碌碌无为，一旦面对挫折与困难，便束手无策；而自强者，则能够正视弱点，刻苦拼搏，使人生的道路越走越顺畅。

可怜天下父母心。中国父母为子女代劳的现象真是有目共睹。陪读的父母，每天辛苦接送子女的父母，代子女搞卫生、帮子女做作业的父母，乃至祖父母、外祖父母，他们整天为“小太阳”忙得不亦乐乎。儿女们复习功课，做家庭作业，课外实践，参加学科竞赛等，哪一项不是在家长的陪同下完成的?家长对儿女的教育可以说是“一千个用心，一万个在意”。却很少有人注意教育孩子应具有独立、自强的能力。在巨大的家庭温室里，孩子们弱不禁风，依赖性越来越大。

爱孩子的核心，就是给孩子一对坚强有力的翅膀，使他能在蓝天里飞翔。孩子的可塑性很强，在父母的羽翼下长大，虽然温馨舒适，但永远是温室中的花朵；如果从小能让孩子经风雨见世面，培养自强自立的意志品格，小树苗就一定能长成参天大树，相信家长们一定会有正确的判断和选择。

在培养孩子自强能力时，家长必须认识到以下几点：

1. 理想是自强的前提

许多孩子一回家就看电视，家长劝也无济于事；在学校里，孩子也缺乏学习的动力和学习的主动性，形成了“推推动动，拨拨转转”的被动局面。究其原因，这些都源于孩子缺乏理想教育。没有理想，没有目标，就没有奔头。有人说过这样一句话：如果你不知道航行旅程的终点，那么任何方向的风对你来说都是逆风。

理想是人生的奋斗目标，是对未来生活的追求，是对未来社会的向往。孩子最富有理想，最有雄心壮志。作为父母，要爱护孩子那天真、纯洁的向往未来的美好理想，并促使他们为理想而努力奋斗。

一天，李云经带着儿子李嘉诚到了汕头的海边。年幼的李嘉诚对停靠在码头的巨轮产生了兴趣。他觉得这么大的轮船可以稳稳当当地在海上航行是非常不可思议的。于是，他指着大船对父亲说：“爸爸，我将来也要做大船的船长！”

父亲高兴地对儿子说：“好样的，真有志气！但是，做一个船长非常不容易，他必须考虑很多问题，思考必须很全面。”父亲把手放在李嘉诚的肩膀上，说：“你看，现在天气很好，船只在海中航行就比较安全。但是，如果出海后，风暴来了怎么办？做船长的人，就得提前想到这种情况，提早做好一切准备工作。其实，做任何事情都要像做船长一样，预先考虑周全，随时准备应付一切问题。”李嘉诚望着父亲，很懂事地笑了。

李嘉诚从小树立了做船长的理想，并向着这个目标而不断努力。虽然，他最终没有做成船长，但他一直以船长的意识去经营他的公司和人生。

著名作家托尔斯泰说过：“理想是指路明灯，没有理想，就没有坚定的方向，而没有方向，也就没有生活。”

可见，理想是前进的不竭动力。家长和教师应步步为营，从小就要善于帮孩子树立理想。但是，理想的实现不会一帆风顺，会遇到各种各样意想不到的困难和挫折，只有以一种坚忍不拔的精神去面对困难和挫折，以顽强的毅力去冲破艰难和险阻，才会取得成功。

2. 自信是自强的必然

孩子都想取得成功，渴望品尝成功的甜蜜。可由于种种原因造成了他们的失败，这时候其实他们也很懊恼，而家长和老师多数只会对他们横加指责，无端埋怨，这样往往会让孩子失去自信，认为自己不行，严重的则会自暴自弃。这就要求家长转换思维方式，改责备为激励，帮他们树立自信心，找回自尊。

日本的教育专家曾做过这样的试验：将一个学习成绩较差的班级学生当作学习优秀班级的学生来对待，而将一个优秀班级的学生，当作问题班级来教。一段时间下来，发现原来成绩距离相差很远的两班学生，在试验结束后的总结测验中平均成绩却相差无几。原因就是差班的学生受到不明真相的老师给予他们的鼓励（老师以为他所教的是一个优秀班），学习积极性大增，而原来的优秀班级学生受到老师对他们怀疑态度的影响，自信心受到挫伤，致使其转变学习态度，影响了学习成绩。

自信心是一种积极的心理品质，是人们开拓进取、向上奋进的动力，是一个人取得成功的重要心理素质。在许多伟人身上，都可以看到超凡的自信心。他们不是从未被击倒的人，而是在被击倒后，还能够高举自信之剑，继续为成功打拼。正是在这种自信心的驱动下，他们敢于对自己提出更高的要求，并在失败中看到成功的希望，鼓励自己不断努力，从而获得最终的成功。

自信对孩子的发展有巨大的作用。如果孩子是个自信的人，那么他处世乐观进取，做事主动积极，勇于尝试，乐于接受挑战；如果孩子缺乏自信，那么他就会在任何事面前表现出软弱、害羞、恐惧的心理，不敢面对新的事物，不敢主动与人交往，从而失去了很多学习和锻炼的机会，影响自身的发展。而且，长期缺乏自信会让孩子产生“无能”的感觉，产生自卑等不良心理，甚至可能自暴自弃、破罐破摔，那将是很可怕的。

3. 体质是自强的本钱

人的情绪、心态和身体健康密切相关。有时会因身体状况不佳承受不了生活压力而导致精神上的崩溃，家长应该让孩子懂得这个道理，鼓励他们坚持锻炼身体。

家长在培养孩子坚强意志力的同时，更要让他们热爱生命。要让孩子懂得：纵然生命中的快乐、幸福让人难以忘怀，而生命中的挫折、痛苦换个角度来看也是一种财富，因为在和困难的斗争中，会实实在在地感受到生命的坚强。

李斯特是19世纪匈牙利著名的音乐家，他的童年是在艰难困苦中度过的。也许是贫穷的家境使然，童年的李斯特长得瘦弱多病，先天营养不足。父母没有足够的能力为他补养身体，但他们没有嫌弃他，而是给予他充分的爱和悉心的关怀。他们所能够做到的，就是经常带着孩子走出家门，去乡间呼吸新鲜空气，用运动锻炼他的体魄. 用大自然的风光启迪他的智慧和心灵。正是得益于此，他的体质逐年增强。谁也想象不到，后来的李斯特直到晚年都格外健康，他几乎很少患病，极少感到身体不适。同时，童年的乡村生活给他留下了非常深刻的印象，一点一点地积累在脑子里，他感到了舒服，感到了美妙和愉悦，心情也变得开阔和自在。这些为他后来成为世界著名的音乐家打下了良好的基础。

每一次都在徘徊、孤单中坚强，每一次就算受伤也不闪泪光。面对困难和挫折，我们要有自强不息的精神，学会冷静的分析和自我疏导，增添战胜挫折的勇气，才能真正地学会自强。但是在当今的社会中，我们青少年往往就缺少这种自强的精神。

面对挫折，调适心理的方法很多，但最好的方法，莫过于建立起一种态度：坦然地面对和坚强地担当。所谓面对和担当，就是当不可避免的挫折袭来时，能接受它，承担起挫折带来的压力和打击，把挫折消化掉。我们的人生，正因经历了无数的挫折与磨难而更加美丽和光彩，更充满了欢乐，变得丰富与充实。

综观历史，古今中外，未有一人没有经过挫折的打击而成名的，他们都是面对挫折，努力地奋斗。华罗庚中学毕业后，因交不起学费被迫失学。回到家乡，一面帮父亲干活，一面继续顽强地读书自学。不久，又身染伤寒，病势垂危。他在床上躺了半年，病痊愈后，却留下了终身的残疾——左腿的关节变形，瘸了。当时，他只有19岁，在那迷茫、困惑，近似绝望的日子里，他想起残了双腿后著兵法的孙膑："古人尚能身残志不残，我才只有 19 岁，更没理由自暴自弃，我要用健全的头脑，代替不健全的双腿！"青年华罗庚就是这样顽强地和命运抗争。像这样的例子还有很多很多。如身残志坚的霍金、张海迪等。

就让我们学会坚强，走出自负，走出失败，在哪里摔倒，就要努力地爬起来。要想到没人会同情你，没有人会可怜你的，只有自己战胜自己，这样，你才能战胜他人。这就是做人的道理——学会坚强。

培养孩子的吃苦精神

吃苦教育，应该是一种素质教育。这里所说的让孩子吃苦，绝不是没有苦而让父母为孩子创造点苦吃，而是让孩子多做一些自己应该做的事情。吃过生活的苦，才能品尝生活的甜。学习中的苦，或许孩子们已经吃得够多了，但生活的苦，孩子却没有吃过或吃得太少，没经过生活的磨炼，经不起挫折。

从小先吃点苦，对于习惯了温暖舒适生活的孩子意义深远。在人生的起步阶段，经历一下生活的风雨洗礼，羽翼才能丰满，飞翔方能更稳健。发达国家注意到这个问题，刻意让孩子先吃苦。尽管日本的经济开发比我们早，生活条件要比我们优越得多，但他们却有培养孩子从小经历磨难、挫折、吃苦的远见卓识的教育办法。例如，日本人为了培养小学生的意志和毅力，在北风凛凛的冬天，把穿着短裤的小孩子叫到露天操场，排着整齐的队列站两个小时，可以想象他们长大了会用怎样坚强的毅力去工作。日本人多地少，资源宝贵，很少有稻田，但企业家为了让自己的孩子感受农民的辛苦，特意在商业大厦顶部空地开辟一块稻田，让孩子在骄阳下播种、割稻，感受劳动的真谛。

相比国外，我国类似的吃苦教育还不普及。倒是处处见到不让孩子"吃苦"的家长。某大学新生报到处，父母们忙前忙后为子女办理报到手续，而孩子却在树荫下看书、听音乐。办完手续后，来到宿舍，父母为孩子放好各种物品，母亲为孩子铺好了床，然后，还要叮嘱一番。据调查，某初中1200名学生，有72%的学生每天由父母代为整理生活和学习用品，每次换下的脏衣服由母亲洗；有10%的学生能在休息时偶尔帮助父母做一点简单的家务劳动。还有一部分学生说，不是他们不做，看父母劳累的样子真不忍心，尤其是父母下岗了，给人打工，很晚才回家。没有办法，父母不让做，你要是做了，父母会埋怨你没有出息，不好好学习，将来准像父母一样给人打工。

这些父母不让孩子做家务活的原因，是怕耽误时间影响学习。为了不让孩子吃苦，父母吃多大苦都心甘情愿，这是我国绝大多数父母的心态。父母们的共同想法是，让孩子将来生活得好，能够出人头地。父母们的愿望是好的，但是做法是违背教育规律的。这种做法无疑是剥夺了孩子实际锻炼的机会，没有锻炼孩子就永远也不能长大，也就不能成熟。由于孩子缺乏锻炼，就等于将来缺乏生存本领，表面上看是爱护孩子，实则是害了孩子。

对于孩子来说，在生活中磨炼，能够使他们发现许多有用的东西，包括知识方面的、能力方面的、意志方面的、思想方面的等。强调让孩子多吃苦，绝不是说孩子吃的苦越多越好，也不是说吃的苦越多就能学习好。父母让孩子做事，孩子同时也能体会到父母的辛苦，更能增强孩子孝敬父母的情感。孩子本身也需要在生活中锻炼，只有他们真正参与到现实生活中，才能感到现实生活的珍贵，幸福生活得靠自己勤劳的双手去拼搏才能得到，而不是坐在那里靠父母的双手送来的。父母应该为孩子实现理想的目标创造条件。

21世纪的人才，需要从小注意培养孩子的吃苦精神。怕吃苦没毅力的人是什么事情也做不成的。而吃苦精神更多的是从点点滴滴的日常小事中培养出来的。

1. “吃苦”教育的定位

实施吃苦教育的一个很关键问题，就是对所谓的“苦”进行正确定位。一般包括三个方面：

(1)层次性。“苦”的层次性，是说不同年龄的孩子对苦的接受程度是不同的，因此也就必然要对苦的教育进行科学的分层。例如，对小学生“吃苦”的教育就应该定位在让学生从事力所能及的劳动开始，而初中生就应该适当让他们体验用劳动取得报酬的艰辛，而高中生就让他们体验凸现自己人生价值的艰难。

（2）科学性。“苦”这个问题是很复杂的，尤其是对孩子进行吃苦教育时需要进行科学的筹划，让孩子能够承受得起，而且不同地区的经济状况不同，孩子的家庭环境不同，对苦的理解也不同，因此，吃苦教育的内容也应该不同。

（3）目的性。吃苦教育当然有它很强的目的性，这就要求我们针对孩子的现状来确定让孩子接受什么样的吃苦教育，如何对孩子进行吃苦教育，因此对目的性的研究是吃苦教育中的重要内容。

2. 如何进行吃苦教育

家长从小就要把孩子当成强者来培养，强者具有独立的思考能力、吃苦的精神，所以家长要从小培养孩子自立、坚强和进取的思想。那么，如何去培养孩子的吃苦精神呢?

（1）鼓励孩子自立。就是让孩子自己的事情自己负责。在家里，要求孩子独立完成自己的生活起居，布置、打理、清扫自己的房间，整理自己的物品等；学习上，要锻炼他们独立探讨，独立思考，独立练习，独立完成；心理上，要养成独立习惯，不要事事依赖别人，自己的事情应该由自己做主。遇到问题时，家长要让孩子自己去思索、探讨、研究，要尊重孩子的意见，这样才能使孩子独立思考问题，树立主见，从而为孩子以后成功做事的主动性打下基础。

（2）设置生活挫折和障碍。在生活中，家长不妨设置一些挫折，让孩子去面对。要孩子完成适当的家务，如打扫卫生、洗碗、清理房间等，可给予物质和精神奖励，以调动积极性。也可以要孩子参加社会实践，例如，可以去卖报纸，到农村体验生活，参加夏令营活动，与农村孩子交朋友等。家长可以以报酬的形式来要孩子完成家务等，西方的孩子在 10 岁后就在家里或到外面打工，锻炼自己，接触社会，培养吃苦精神。

（3）家长主动与孩子吃苦。由于现在的家长忙，与孩子的沟通少，造成父母与孩子的代沟越来越大，要弥补这个缺陷，那只有靠家长多与孩子在一起。例如，家长可以与孩子练晨跑，参加体育运动。如一起打球，一起游泳，一起旅游，周末与孩子一起逛公园，议论电视、电影，增强孩子的表达能力，又可以沟通感情。这样可以增加家长与孩子沟通的机会，同样让孩子得到了锻炼。

“父母之爱子，则为之计深远。”作为父母，真正爱子就要从小培养他们的生活能力，培养他们战胜困难的精神和意志，以使他们将来能够自立于社会。这就要求我们在教育孩子时要注重培养孩子的吃苦精神。

让孩子学会自己的事情自己做，从小树立吃苦的精神对孩子的成长非常重要。在英国有一所著名的伊顿中学，那里的学生几乎都能考入名牌大学，其经验之一就是让学生吃苦。该中学不设暖气，在一场寒冷的冬天，也只让学生盖一条毛毯睡觉，洗冷水澡，这就是刻意“苦其心志，劳其筋骨，饿其体肤，空乏其身”，使学生得到磨炼。日本人也特别注重培养孩子的“吃苦”意识，不管是在幼儿园还是中小学，他们要求孩子在寒冷的天气中跑步，以此来培养他们吃苦耐劳的精神及克服困难的毅力。国外的这种育人之道是值得我们许多家长借鉴的。

在人类历史的长河中，那些彪炳青史的人杰圣哲，往往也不是幸福之神的宠儿，而是崛起于苦境的强者，他们在艰苦的环境中磨炼了意志，增长了才干，而后才担当起治理国家的重任。我国伟大的无产阶级革命家朱德同志就是一个很好的例子。幼年的朱德生长在一个佃农家庭，在艰苦的生活中，在母亲的教育下，养成了吃苦耐劳的品质、艰苦奋斗的意志。他在回忆母亲的文章中深情地写道：“我要感谢母亲，她教给我与困难做斗争的经验，我在家庭中已经饱尝艰苦，这使我在30多年的军事生活和革命生活中再也没有感到过困难，没被困难吓倒。”年轻的家长们，难道我们不能从这里得到一些教益吗？

由此可见，家长应该让自己的孩子从小多吃点苦，以便养成吃苦耐劳的精神，使其在自己漫长的人生道路上，不易被困难吓倒，不易被挫折击垮。